최근 바울교회 형성 연구 동향

리차드 애스코프 지음

김 병 모 옮김

기독교문서선교회

기독교문서선교회(Christian Literature Crusade: 약칭 **CLC**)는 1941년 영국 콜체스터에서 켄 아담스에 의해 시작되었으며 국제 본부는 영국의 쉐필드에 있습니다.

국제 CLC는 59개 나라에서 180개의 본부를 두고, 약 650여 명의 선교사들이 이동도서차량 40대를 이용하여 문서 보급에 힘쓰고 있으며 이메일 주문을 통해 130여 국으로 책을 공급하고 있습니다.

한국 CLC는 청교도적 복음주의 신학과 신앙서적을 출판하는 문서선교기관으로서, 한 영혼이라도 구원되길 소망하면서 주님이 오시는 그날까지 최선을 다할 것입니다.

What Are They Saying About the Formation of Pauline Churches?

Written by
Richard S. Ascough

Translated by
Byung-Mo Kim

Copyright © 2005 by Daniel J. Harrington
Originally published in the U.S.A. under the title as
What Are They Saying About the Formation of Pauline Churches?
by Paulist Press 997 Macarthur Boulevard Mahwah,
New Jersey 07430

All rights reserved.

Korean Edition
Copyright © 2014 by Christian Literature Crusade
Seoul, Korea

저자서문

나는 연구 활동 내내 많은 자극을 받은 결과, 바울과 그의 사회 세계에 대한 지금의 이해를 갖게 되었다. 특히 라이프 바아게(Leif Vaage)와 허드슨 맥린(B. Hudson McLean)이 많은 토의를 통해 많은 생각의 단초들을 제공해주었다. 토론토신학교(the Toronto School of Theology)의 동료들과 학생들은 도전적인 대화 상대자들이었다. 특히 알리시아 바텐(Alicia Batten), 캐롤린 월란-도나지(Caroline Whelan-Donaghey), 로버트 데런바커(Robert Derrenbacker), 존 맥라우린(John McLaughlin), 타일러 윌리암스(Tyler Williams)가 그랬다. 이 신앙의 십대들(Triniteens)과 교류하면서 바울과 그의 사회 세계에 대한 내 이해는 완전히 다른 차원의 도전을 받았다. 내 지도교수인 존 클로펜복(John S. Kloppenborg)은 내가 지적으로 발전하고 이 책을 저술하는 데에 가장 큰 도움을 주었다. 그는 내 의견을 검토해주었고 이 책의 다양한 초안을 열심히 읽으면서 많은 유익한 제안과 수정을 해주었다. 물론, 도든 부족한 점은 전적으로 내 책임이다.

나는 이 책 및 이 책과 관련 있는 더 큰 프로젝트인 박사논문을 쓰는 동안 다음과 같이 후한 재정 후원을 받았다. "캐나다 사회과학 및 인문학 연구위원회"(the Social Sciences and Humanities Research Council of Canada)의 장학금을 3년 동안 받았고, 가톨릭 성서협회 기념 장학금(Catholic Biblical Association Memorial Stipends)을 4년 동안 받았다. 또한 토론토신학교의 존 켈리 상(the John M. Kelly Award)을 받았고, 위클리프 대학(Wycliffe College)의 장학금을 여러 차례 받았다. 내가 이 당면 과제에 집중할 수 있게 해준 이 모든 분들에게 진심으로 감사를 드린다.

끝으로 아내 마리 린(Mary Lynne)과 딸 한나(Hannah)에게 진심으로 고마움을 표한다. 나의 아내와 딸은 내게 따뜻한 자극을 주어서 계속되는 연구에 매진할 수 있게 해주었다. 나는 이 책을 사랑하는 마음으로 아내와 딸에게 바친다.

역자 서문

    우리 한국교회는 어떤 영향을 받고 어떤 과정을 거쳐 지금의 형태로 형성되었을까? 아주 단순하게 보자면, 가톨릭교회는 자신을 세워준 로마 가톨릭교회의 영향을 받았고, 개신교회는 각자 자신을 세워준 각 외국 개신교회의 영향을 받아서 지금의 형태로 발전했다.

    그렇다면 팔레스타인에 세워진 초대교회인 예루살렘교회는 어떤 상황에서 그런 형태로 형성되었을까? 주변에 아무 것도 없는 상황에서, 즉 "무의 상태"에서 마치 하늘에서 떨어지듯이 또는 땅에서 솟아나듯이 완전히 독창적으로 그런 형태로 형성되었을까? 아니면 주변에 있는 어떤 모임, 단체, 조직, 기관, 기구, 제도의 영향을 받아서—예를 들어, 회당 공동체와 성전 공동체의 영향을 받아서—그런 형태로 형성되었을까? 아니면 이 두 가지가 잘 조화돼서 그런 형태로 형성되었을까?

    또 그리스-로마 세계의 도처(갈라디아, 마게도냐, 아가야, 소아시아)에 세워진 바울교회는 도대체 어떤 상황에서 그런 형태로 형성되었을까? 예루살렘교회와 비슷한 상황이었을까? 아니면 주변 환경, 문화, 사회, 종교, 민족, 지역 등이 달랐기 때문에 예루살렘교회와는 다른 상황이었을까? 다른 상황이었다면 어떤 상황이었을까?

　이 리차드 애스코프의 책은 바울교회가 어떤 영향을 받아서 그런 형태로 형성되었는지를 연구한 많은 학자들의 다양한 견해를 일목요연하게 분류, 정리하여 소개해준다. 이 학자들은 바울교회가 유대교의 회당, 그리스-로마 세계의 철학학파, 고대의 신비종교, 또는 고대의 자발적 단체의 영향을 받아서 그런 형태로 형성되었을 것이라고 본다. 이때 주로 어느 하나의 영향을 받았다고 보기도 하고, 동시에 다수의 영향을 받았다고 보기도 한다.

　애스코프는 이 책의 본론에서 이 학자들을 각 모델별로 분류하여 연차순으로 살펴보면서 각 모델의 장단점과 사용 범위 및 한계를 검토한다. 앞에 나오는 서론에서는 바울교회뿐만 아니라 위의 네 모델들의 토대로도 사용된 것으로 보이는 가정에 대해 논의한다. 그리고 뒤에 나오는 결론에서는 바울교회 형성을 이해하는 데에는 어느 한 모델만으로는 충분하지 않고 모든 모델들이 나름대로 다 유용하다는 견해를 밝힌다.

　이 책은 직접적으로 바울의 신앙이나 신학을 다루는 책이 아니다. 바울교회를 전체적으로 설명하는 데에 치중하지도 않는다. 그 대신에 이 책은 바울교회가 어떤 영향을 받아서 그런 형태로 형성되었는지를 살펴보는 데에 집중한다. 쉽게 표현하면 "바울교회는 외부인들에게는 어떤 종류의 모임으로 비쳐졌을까?" 또 "그들 중에서 바울교회의 구성원이 된 내부인들에게는 어떤 종류의 모임으로 이해되었을까?"를 살펴보는 데에 집중한다. 이런 의미에서 이 책은 바울의 신앙과 신학, 바울교회를 더 넓고 깊게 이해하는 데에 꼭 필요한 중요한 기초 정보를 제공해준다고 할 수 있다.

이 소중한 책을 번역하여 출판하는 CLC의 모든 사역자들에게 감사를 표한다. 이 작은 책이 우리 한국교회의 사역자들이 바울교회의 형성을 이해하는 데에 큰 도움이 되기를 바란다.

Gloria Dei!

2013년 3월 3일에 빛고을에서
김 병 모

목차

저자서문　　　　　　　　　　　　　　5
역자서문　　　　　　　　　　　　　　7

제1장 회당　　　　　　　　　　　　29
제2장 철학학파　　　　　　　　　　57
제3장 고대 신비종교　　　　　　　　89
제4장 자발적 단체　　　　　　　　123
결론　　　　　　　　　　　　　　　161

참고문헌　　　　　　　　　　　　168

약어표

ABD	*The Anchor Bible Dictionary*, 6 vols., ed. D. N. Freedman. New York: Doubleday, 1992.
ANRW	*Aufstieg und Niedergang der römischen Welt*, ed. H. Temporini and W. Hasse. Berlin: de Gruyter, 1972-
BARev	*Biblical Archaeology Review*
CBQ	*Catholic Biblical Quarterly*
CIJ	*Corpus Inscriptionum Iudaicarum*
CIL	*Corpus Inscriptionum Latinarum*
CIRB	*Corpus Inscriptionum Regni Bosporani*
CP	*Classical Philology*
EPRO	Études préliminaires aux religions orientales dans l'Empire romain
Exptim	*Expository Times*
HSCP	*Harvard Studies in Classical Philology*
HTR	*Harvard Theological Review*

HTR	*Harvard Theological Review*
IG	*Inscriptiones Graecae*
ILS	*Inscriptiones Latinae Selectae*
Int	*Interpretation*
JAC	*Jahrbuch für Antike und Christentum*
JBL	*Journal of Biblical Literature*
JECS	*Journal of Early Christian Studies*
JEH	*Journal of Ecclesiastical History*
JRH	*Journal of Religious History*
JRS	*Journal of Roman Studies*
JSNT	*Journal for Study of the New Testament*
JSNTup	*Journal for the Study of the New Testament Supplement Series*
JTS	*Journal of Theological Studies*
LEC	Library of Early Christianity
LXX	Septuaging
MTZ	*Münchner theologische Zeitschrift*
NewDocs	*New Documents Illustrationg Early Christianity*, 7 vols., ed. Macquarrie University Press, 1981-95
NovT	*Novum Testamentum*
NovTsup	Novum Testamentum Supplements
NTS	*New Testament Studies*
RAC	*Reallexikon für Antike und Christentum*, 10 vols., ed. T. Klauser. Stuttgart: Hiersemann, 1950-78

RB	*Revue biblique*
SBLASP	Society of Biblical Literature Abstracts and Seminar Papers
SBLSBS	Society of Biblical Literature: Sources for Biblical Study
SIG³	*Sylloge Inscriptionum Graecarum*
SNTSMS	Society for New Testament Studies Monograph Series
TAPA	*Transactions of the American Philological Association*
TSK	*Theologische Studien und Kritiken*
TZ	*Theologische Zeitschrift*
VC	*Vigiliae christianae*
WUNT	Wissenschaftliche Untersuchungen zum Neuen Testament
ZWT	*Zeitschrift für wissenschaftliche Theologie*

What Are They Saying About the Formation of Pauline Churches?

서론

"교회는 진공상태에서 자라나지 않았다"는 주장은 이제 신약학계에서는 확고부동한 주장이 되었다. 다른 제도들과 마찬가지로, 교회도 주변 문화(들)에서 자신의 기초로 사용할 모델들을 찾았다. 수년 동안 학자들은 바울교회 형성의 기초로 사용되었을 법한 수많은 유사한 제도들을 제안했다. 이 책은 바울의 초기 기독교 그룹들이 어떻게 공동체를 구성했는지를 이해하기 위해 그리스-로마 시대의 다양한 모델들(회당, 철학학파, 신비종교,[1] 자발적 단체)을 살펴보는 학자들의 문헌을

---

1) 대부분의 경우에, 우리는 "신비종교"(mystery religions)보다는 "신비"(the mysteries)를 다룰 것이다. "신비종교"라는 용어는 오직 한 그룹에만 소속된다는 느낌을 주는데, 고대의 상황은 그렇지 않았다. 유대교, 기독교, 이슬람교는 강한 공동체적 단체를 보여주고 한 사람이 동시에 하나 이상의 단체들에 속한다고 주장할 수 없다는 점에서 "종교"(religions)인 반면에, 고대에서는 한 사람이 다수의 "신비"(mysteries)에 가입할 수 있었고 하나 또는 다수의 관련 그룹들의 구성원이 될 수 있었다. 더 자세한 논의를 위해서는 Burkert 1987:1-4, 53을 참조하라. "신비종교"라는 "용어"는 20세기 전반기에 학자들에 의해서 널리 사용되었다(그럼에도 불구하고, mystery를 "신비"로 번역할 경우, 우리말에서는 표현도 매끄럽지 못하고 의미도 부정확해지기 때문에, 이 책에서는 mystery를 부득이 "신비종교"로 번역한다 - 역자주).

개관한다. 우리는 각 학자들, 그들이 사용하는 모델, 그들이 사용하는 문학적 및 고고학적 자료, 그들이 강조하는 바울서신 자료에 초점을 맞춘다.

많은 학자들이 고대 도시의 복잡성을 인식하고 또 신생 기독교가 다중의 영향을 받았다는 것을 인정할 필요성을 인식하더라도 나는 유용성과 실용성 때문에 각 학자들을 그들이 **가장** 지배적인 것으로 간주하는 모델에서 다룰 것이다.[2] 중요한 것은 바울 자신이 무엇과 가장 친숙했을 것인가가 아니라 그가 그리스-로마 도심지에 만든 그룹이 참여자들과 외부인들 양쪽에게 어떤 모습으로 보였을 것인가이다. 이 두 그룹은 바울교회를 무엇과 가장 자연스럽게 관련시켰을까?[3] 그래서 다음의 장들에서 요약하는 책들에서 분명하게 드러나듯이 두 방향의 접근방식이 이루어질 것이다. 즉 바울 그룹은 자신을 어떻게 보았느냐(의식적으로든 무의식적으로든)**와** 기독교 그룹은 외부인들에게 어떻게 보였느냐는 것이다.[4]

---

2) 이 학자들 중의 다수는 비록 그들의 모델이 그들의 바울 이해에 핵심적인 역할을 감당하더라도 다른 모델들도 바울 공동체 형성에 영향을 주었을 수 있다고 기꺼이 인정한다는 것을 잊지 않는 것이 중요하다.
3) 바울은 우리가 살펴보는 그룹들이 규칙적으로 사용한 용어들(시나고그⟨synagōguē⟩, 필로소피아⟨philosophia⟩, 티아소스⟨thiasos⟩, 시나도스⟨synados⟩, 코이논⟨koinon⟩, 미스테리아⟨mysteria⟩)를 교회에 사용하지 않는다. 그래서 이 문제들을 해결하는 데에 별 도움이 되지 않는다. 그 대신에, 그는 **에클레시아**⟨ekklēsia⟩라는 단어를 사용한다. 이 단어는 사적 단체보다는 정치와 더 많이 관련돼 있다(Branick 1989:27). 하지만 이 용어는 다른 모든 그룹들에서 서술용어로 사용된다.
4) 여기서 한 관련 주제를 언급해도 좋을 것이다. 우리는 이 책에서 이 주제에 어느 정도 주목할 것이다. 바로 창설자 및 교사로서 바울이 공동체와 어떤 관계를 맺었느냐는 것이다. 이 주제가 특정한 공동체 형성 모델을 암시하는 한도 내에서, 우리는 이 주제를 다룰 것이다. 공동체 모델을 규명하지 않으면서 바울과 그의 공동체의 관계를 다루는 책들이 몇 권 있다. 예를 들어, J. Paul Sampley(1980)는 바울이 (모든 개종자들이 아니라) 몇몇 개종자들(즉 빌립보 교인들과 빌레몬)과 법적으로 인정받은 제휴관계(a *societas Christi*)를 맺었다고 주장한다. 하지만 Sampley의 설명은 실제의 공동체 구조를 자세하게 다룬다기보다는 바울과 공동체 사이에

저지(E. A. Judge)는 바울 기독교의 배경 연구를 강력하고 일관성 있게 요구했다. 그는 1960년에 발표한 논문에서 이렇게 말했다.

> 우리는 단지 그들이 누구였느냐, 그들은 그룹으로서 그들의 공동체의 사회 구조와 어떤 관계를 가졌느냐는 것뿐만 아니라 그들은 그룹으로서 무엇을 위해 존재했느냐, 그들은 어떤 활동을 했느냐, 그들의 동시대인들은 그들을 어떻게 보았느냐는 것도 알 필요가 있다. 물론 이것은 단순히 외적 모습과 사회적 기능을 묻는 질문이다. 교회의 신학적 논거는 우리의 관심이 아니다(Judge 1960a:8).

약 20년 후에도 저자는 여전히 다음과 같이 말할 필요성을 느꼈다.

> 그들의 사회적 정체성과 행위를 그 사회의 관습 및 관행에 견주어서 세밀하게 그려내는 작업이 훨씬 더 많이 진척되기 전에는, 우리는 최초의 그리스도인들이 누구였다고 또는 무엇이었다고 말할 위치에 있지 않다 (1980:213; cf. 216).

이 책은 우리가 신약성서 석의가로서 지금 어디에 서 있는지와 앞으로 어디로 가야할지를 결정하는 하나의 방법으로서 지금까지 이루어진 것이 무엇인지를 상세하게 그려내려는 시도이다.

서 그랬을 수도 있는 관계를 다룬다. Sampley의 연구는 별로 인정받지 못했지만(Witherington 1994:118-19에 요약되어 있는 그의 비난자들의 주장을 보라. D. M. Sweetland, *CBQ* 44[1982] 689-90과 A. C. Wire, *JBL* 101[1982] 468-69에 나오는 평가도 참조하라) 근래에 Capper 1993와 Bormann 1995에게 지지를 받았다.

바울 공동체 형성에 대한 학자들의 논의를 상세하게 그려내려는 일관된 시도가 아직까지는 없었다. 나는 이미 박사과정 중에 **웨인 믹스**(Wayne A. Meeks)의 『초기의 도시 그리스도인들』(*The First Urban Christians*, 1983)을 읽으면서 지금 이 책을 저술하고 싶은 자극을 받았다. 그 책에서 믹스는 가정, 자발적 단체, 회당, 철학학파라는 공동체 형성의 네 모델들을 검토한다(1983:74-84). 비록 믹스가 그의 목적에 부합하는 간략한 개요를 제공하기는 하지만 나는 이 모델들에 대한 더 자세한 개관이 초기 교회 형성을 공부하는 학생들에게 더 적합할 것이라고 생각했다. 나는 이런 더 자세한 개관이 있는지 찾아보았지만 하나도 발견할 수 없었다. 그래서 내가 직접 몇몇 흐름을 모아보기로 했다. 게다가 초기 기독교 공동체의 모델들을 다루는 논문들과 책들이 믹스의 책이 출판된 이후에도 상당히 많이 쏟아져 나왔다. 그러나 내가 아는 한 이 책이 시도하는 것처럼 학자들의 견해를 전체적으로 요약해주는 글은 하나도 없다.

이 책에서 우리는 초기 교회에 대한 사회학적 분석을 시도하는 것이 아니라, 초기 교회의 사회적 역사를 살펴보려고 한다. 연구 방식을 이렇게 구분하는 것이 다소 인위적이더라도(Scroggs 1980:167-68을 참조) 우리는 단지 많은 학자들이 신약성경을 사회적인 맥락에서 연구할 때에 시도하는 것의 절반만을 시도한다는 것을 염두에 두는 것이 좋을 것이다. 다양한 사회학적 분석에 대한 간략한 설명으로는 **캐롤라인 오시에크**(Caroline Osiek)의 『신약의 사회적 상황』(*What Are They Saying About the Social Setting of the New Testament?*, 1992)을 보라.

이 책은 저학년 학생들과 관심 있는 평신도들을 위한 일종의 입문서이다. 그래서 가능한 한 전문적인 논의는 하지 않으려고 한다. 따라서 다양한 저자들의 주장은 어느 정도 단순화될 수밖에 없다. 또 염두에 두고 있는 이 독자층을 고려해서 이 개관은 영어로 저술된 책들 내지 영어로 번역된 책들에 국한된다.

1. 이 책의 내용 요약

제1장에서는 고대 회당을 바울 공동체 형성의 모델로서 살펴본다. 회당은 가정이나 특별한 건물에 모여 예배를 드렸던 유대인들의 조직이었다. 사도행전은 바울이 각 도시에서 처음에는 회당의 구성원들에게 복음을 전하다가 거부를 당한 후에야 이방인들에게로 가는 것으로 묘사한다. 이 장은 먼저 사도행전의 증거를 고찰한다. 사도행전의 묘사는 회당 조직의 특성, 1세기 유대교 개종의 범위, 회당에 참여하는 개종자들과 하나님을 경외하는 자들의 존재 여부 등 초기 교회 형성 연구에 중요한 여러 이슈들을 제기한다. 우리는 이 이슈들을 차례로 살펴볼 것이다. 이 각각의 이슈들에 대해 어떤 결정을 내리느냐가 1세기 교회와 회당의 관계를 어떻게 이해하느냐에 영향을 줄 것이다. 마지막으로 우리는 회당을 바울교회 형성의 최상의 유비 모델로 보는 여러 학자들을 자세히 살펴볼 것이다.

제2장에서는 고대 철학학파들을 살펴본다. 비록 이 학파들이 언제나 물리적 장소를 갖고 있지는 않았더라도, 바울 공동체가 그들을 조직 모델로 삼았을 것이라고 제안할 수 있을 정도로 1세기에는 많은 철학 단체들이 있었다. 이 장은 먼저 초기 바울 기독교가 철학학파들과 관련되어 있다고 암시하는 것으로 보이는 몇몇 본문을 검토한다. 이 "학

파들"이 어떻게 구성되었는지를 기술한 후에, 바울의 전파와 몇몇 철학자들의 전파의 유사성을 간략하게 검토한다. 그런 후에 하나 내지 다수의 철학학파를 초기 바울 공동체 이해의 최상의 유비 모델로 간주하는 학자들의 책을 요약한다.

제3장에서는 고대 신비종교들의 입회 의식과 뒤이은 공동체 형성이 우리의 바울교회 형성 이해에 어떤 정보를 제공해주는지를 검토한다.

이 장은 먼저 바울의 편지들과 신비종교들의 접촉을 요약한다. 고대 신비종교들의 특성 및 범위와 전파를 간략하게 기술한 후에, 바울 기독교와 신비종교들 사이에서 유사성을 발견한 이전 학자들의 연구를 기술한다. 이 책이 고찰하는 다른 모델들과는 달리, 신비종교들을 사용하여 바울 공동체를 이해하는 이 모델은 아주 많은 사람들에게 부정적인 반응을 받았다. 우리는 이 관점을 대표하는 책들을 개관한 후에, 신비종교들을 바울교회 형성의 유비 모델로 사용하는 보다 근래의 연구를 간략하게 살펴볼 것이다.

제4장에서는 먼저 소아시아 필라델피아의 한 자발적 단체와 바울 공동체를 비교하는 아주 자세한 연구를 요약한다. 고대의 자발적 단체들은 종종 공통적인 관심의 결과로 공동의 목적을 가지고 모인 사람들에 의해 만들어졌다. 우리는 자발적 단체 구성원들의 몇몇 목적과 관심을 자세하게 기술한 후에 이런 그룹들이 전파되는 몇몇 방법을 간략하게 살펴본다. 마지막으로 우리는 고대의 자발적 단체 이해가 바울교회 형성 이해에 어떤 도움을 주는지를 연구한 학자들의 연구를 검토한다. 그렇게 하면서 우리는 이 모델에 반대하는 견해와 이 반대 견해를 반박하는 최근의 논의에 주목할 것이다.

이 책의 결론에서는 고대를 연구할 때에는 굳이 계보상의 연결을 밝혀내지 못하더라도 그룹들 및 본문들의 비교 연구가 유익할 수 있다는 조나단 스미스(Jonathan Z. Smith, 1990)의 주장을 간략하게 다룬다. 그런 후에 현대 교회에서 바울교회 형성 연구가 갖는 의미에 대해 언급한다.

조금 전에 언급한 이 공동체 형성 모델들을 살펴보기 전에 우리는 때때로 바울교회의 유비 모델로 언급되는 또 다른 기관(institution)을 간략하게 살펴볼 필요가 있다.

2. 가정과 가정교회

1) 신약성서에 나오는 가정교회

사도행전과 바울의 편지들을 주의 깊게 읽어보면 한 지역의 기독교 공동체는 많은 경우에 "가정"(household) 또는 가정들의 집합으로 이루어졌다는 것이 금방 밝혀진다.[5] 사도행전에 의하면, 초대 교회는 다수의 보다 작은 기독교 그룹들로 구성되었고, 이 그룹들은 가정 단위들로 이루어진 것으로 보인다(행 2:47; 5:42). 그들은 집에 있는 큰 방에서 모였을 것이다. 사도행전 1:13과 20:6-9이 보여주는 것처럼 "다락방"에서 모이기도 했을 것이다. 이 패턴은 사도행전 내내 계속된다. 우리는 사도행전에서 고넬료(행 10:1-11:18), 루디아(행 16:15), 빌립보 간수(행

---

5) 신약성경에 나오는 가정교회의 증거에 대한 좀 더 상세한 개관을 위해서는 Branick 1989: 13-35, 58-77을 보라.

16:31-34), 그리스보(행 18:8)의 가정을 비롯하여 기독교로 개종하는 많은 가정들을 발견한다.

바울의 편지들에는 그리스도인 가정 모임들(meetings)에 대한 언급이 많이 나온다. 이 모임들은 사람들이 모이는 집 주인의 이름으로 표기된다. 스데반(고전 1:16; 16:15), 브리스가와 아굴라(고전 16:19; 롬 16:3-5), 빌레몬(몬 2), 아리스도불로(롬 16:10), 나깃수(롬 16:11), 가이사의 집(빌 4:22) 등이다. 눔바(골 4:15)도 참조하라. 이 언급들과 나란히 거의 확실히 기독교 가정교회들을 가리키는 것으로 보이는 좀 더 애매한 다른 언급들도 나온다(예를 들어, 롬 16:14-15의 가정교회들[Meeks 1983:75]과 고전 1:11-12의 파당들).[6] 그리스도인 "가정들"에 대한 이 두드러진 언급들을 염두에 두고서 어떤 학자들은 가정이 바울 공동체 형성을 이해하는 데에 최상의 유비라고 제안했다.

2) 가정과 가정교회의 특성

(오늘날과 마찬가지로) 고대에도 단체는 "공적" 또는 "사적" 단체로 구분되었을 것이다(Banks 1994:6; Winter 1994:2). 공적 단체는 전통적으로 폴리스(polis〈도시〉)에 즉 도시의 일상 업무에 관심을 가졌다. 사적 영역은 오이코스(oikos〈집〉) 또는 "가정"(the household)이었다. 개인은 출생, 노예 제도, 고용을 통해 이 가정에 소속되었다. 헬레니즘 시대에는 비록 단체들을 여전히 이 두 영역 중의 하나에 속하는 것으로 구분할 수 있었더라도 공적 영역과 사적 영역의 엄격한 구분이 점차로 희미해

---

6) 다른 도시에서와 마찬가지로 고린도에서도 그 도시의 "전체 교회"는 그 도시 도처에 흩어져 있는 다수의 보다 작은 회중들로 구성되었다. Branick 1989:23-26을 보라.

졌다. 우리가 살펴보는 모든 유비 모델들뿐만 아니라 바울교회도 "사적" 영역으로 구분될 수 있다. 대체로 그들은 도시의 공적 생활에서 중요한 역할을 감당하지 않았다. 최소한 1세기에는 그랬다. "사적"이라는 이 표현에 가정만큼 잘 부합되는 그룹은 없다. 가정은 바로 사적 생활의 기초였다.

이 가정은 대개 확장된 가정이었다. 로마법에 의하면 가장 나이 많은 남자가 가장(paterfamilias)이었고 자녀, 손자, (가장이 지주이거나 고용주인 경우에는)노예와 고용인을 포함하는 다른 가족 구성원들은 다 그의 권위 아래에 있었다(Garnsey and Saller 1987:127을 참조).[7] 남자 가장이 없을 때는(보통은 죽음으로 인해) 특별한 경우에는 여자가 가정의 수장 역할을 할 수도 있었다(Garnsey and Saller 1987:130-35; Horsley 1982:29을 참조). 가정의 수장이 다른 생활 방식(철학학파나 신비종교, 유대교, 기독교 등 다른 종교)으로 개종할 경우에는 전체 가정과 함께 개종했다. 모든 가정 구성원들은 선택의 여지 없이 개종해야 했다. 실제로 다수의 신약성경 본문에서 가장의 개종은 전체 가정이 기독교 신앙으로 세례 받는 결과를 가져왔다고 밝혀준다(예를 들어, 고린도의 스데바나[고전 1:16]와 빌립보의 루디아[행 16:15]). 이후에 이 가정은 특히 이 가정이 부유했을 경우에는 새로 형성된 그룹의 중심이 되었다.[8]

우리는 가정교회(the house church)를 지역 기독교 공동체가 일상적인 집회 때에 전체 또는 일부를 사용한 그 구조는 변경되지 않은 가정

---

7) 다양한 유형의 고대 가족의 규모와 패턴에 대해서는 Hanson 1989:142-51을 보라.
8) 분명히 가정의 모든 사람들이 다 새로운 종교에 만족하지는 않았을 것이다. 그래서 사회적 긴장이 생겨났을 것이다(Meeks 1983:76-77을 보라). 아마 빌레몬 집의 오네시모도 이런 경우였을 것이다. 그의 주인은 기독교로 개종했는데도 불구하고 나중에 그가 바울을 만났을 때에 그는 아직도 그리스도인이 아니었다.

주택이라고 정의할 수 있다(White 1990:104-5; 참조. Blue 1994:125). 그리스도인들은 편리하기 때문에, 다른 예배 장소가 없기 때문에, 회당 예배를 모방하기 위해, 교제에 필요한 시설이 구비되어 있었기 때문에(즉 부엌과 식당), 또는 눈에 띄지 않고 사생활을 유지하기 위해 등 온갖 이유 때문에 그곳에서 모였을 것이다(Blue 1994:121). 특히 근래에 이런 가정교회들이 다수 확인되었고, 그 중의 몇 개가 발굴되었다.[9] 기독교를 제국의 종교로 인정하는 313년의 콘스탄티누스 칙령이 공포되기 이전에, 기독교의 예배 장소는 세 번의 발전 단계를 거쳤다(White 1990:102-39를 참조, Blue 1994:124-30에 요약되어 있다). 첫 번째 시기는 그리스도인들이 구성원의 개인 집에서 모였던 50-150년이다. 두 번째 시기인 150-250년에는 기독교 공동체들이 오직 예배 용도로만 사용하기 위해 개인 주택을 개조했다. 세 번째 시기(250-313년)에는 더 큰 건물과 홀이 건축되었다.[10]

3) 모델로서의 가정

플로이드 필손(Floyd V. Filson)은 "초기 가정교회의 중요성"(The Significance of the Early House Churches, 1939)을 강조한 초기 학자들 중의 하나였다. 필손은 초기 그리스도인들이 생활했고 함께 모였던 실제

---

9) White 1990:111-23을 보라. Blue(1994:138-71)는 팔레스타인, 시리아, 고린도, 로마의 고고학적 유적지에 대해 요약된 상세정보를 제공한다. 로마 유적지에 대한 더 자세한 정보를 위해서는 Petersen 1969:265-71과 Jeffers 1991:63-89도 보라.
10) 이렇게 Constantine의 바실리카 건축이 예기되었다(White 1990:4-5). 하지만 White(1990:24)는 도처에서 근본적이고 의도적인 변화보다는 "기존의 구조를 점차적으로 수리함으로써 건축물을 개조하는 미세한 과정"이 있었다고 조심스럽게 지적한다.

의 물리적 조건을 이해하면 신약성경 본문을 주석적으로 더 잘 이해하게 될 것이라고 제안했다. 필손은 신약성경에서, 초기 교부들의 작품에서, 고고학적 기록에서(즉 로마의 산 클레멘테 교회에서, 시리아의 두라 유로파스 교회에서, 소아시아의 프리네 교회에서) 이 가정교회의 존재를 알려주는 많은 증거들을 보여주었다. 실제로 고고학적 기록은 개인 집에서 모이던 소그룹 모임이 점점 커져서 개인 집이 제공할 수 있는 것보다 더 큰 공간이 필요한 더 큰 규모로 발전했다는 것을 알려준다. 이런 필요 때문에 개인 집이 점점 확장되어서 나중에는 독립적인 건물("교회")이 되었다.

필손에 의하면 초기 기독교 그룹들을 가정에서 출발해서 "가정교회"로 발전한 것으로 이해하게 되면 우리는 초기교회를 다섯 가지 측면에서 더 잘 이해할 수 있게 된다.

첫째, 가정교회는 우리로 하여금 초기 그리스도인들의 뿌리를 단지 유대교의 회당으로만 한정하는 대신에 그들이 어떻게 자신들의 고유한 예배와 교제를 발전시켰는지를 볼 수 있게 도와준다.

둘째, 바울의 편지들(과 다른 편지들)이 왜 그렇게 가정생활에 주목하는지를 설명해준다.

셋째, 한 도시에 하나 이상의 가정교회가 있었다면 그 지역에서 발생한 분열이 잘 설명된다. 예를 들어, 고린도의 분열은 아마도 서로 경쟁하는 가정교회들을 중심으로 발생했을 것이다.

넷째, 우리는 초기 그리스도인들의 사회 상황을 더 잘 파악할 수 있다. 대다수는 분명히 가난했지만, 일부는 틀림없이 상당한 부와 성공을 얻었다. 그래서 그들이 소유한 집에서 큰 그룹이 함께 모일 수 있었다.

다섯째, 확고한 교회 지도 구조는 가정의 지도 개념에서 발전된 것으로 볼 때에 가장 잘 이해된다.

20여년 후에 **저지**(E. A. Judge)는 『1세기 기독교 그룹들의 사회 패턴』(*The Social Pattern of Christian Groups in the First Century*, 1960)에 대한 짧은 연구를 출판했다. 이 책에서 그는 신약성경 본문의 저자들에 대한 조사를 벌였다. 그들은 누구였는지와 그들의 생각은 무엇이었는지를 조사했다(1960b:9-10). 신약성경의 사회적 교훈을 이해하기 위해서, 저지는 그들이 생활했던 헬레니즘의 사회 제도들을 기술한다(1960b:16-17). 그는 먼저 1세기 로마 시대의 정치 제도들을 검토한다. 로마인들은 아주 강한 권력을 갖고 있었지만 지방정부에 아주 많이 의존했다. 그래서 많은 도시들이 여전히(비록 제한적이었지만) 어느 정도의 지방 자치를 유지하면서 로마제국의 혜택도 누렸다(1960b:23). 하지만 많은 사람들이 그런 제한적인 자치의 혜택에 완전히 실망하고 상부상조하는 사회단체를 만들기 위해 다른 방도를 찾게 되었다(1960b:29).

저지가 이 "공제 조합"(mutual societies) 중에서 첫 번째로 살펴보는 것이 바로 가정(household)이다. 가정은 혈통적인 관계와 종교적인 신념 둘 다에서 연대의 장소였다. 개인은 가정에 충실해야 했다. 그래서 가장이 기독교(또는 다른 종교)로 개종하면 그 가정의 모든 구성원들도 이 새로운 신앙으로 세례를 받아야 했다(1960b:35-36). 이처럼 가정은 기독교 신앙의 주요 건축 소재 중의 하나가 되었다.

하지만 저지는 그 자체로 적합한 모델인 가정에 머물지 않는다. 제국에는 정치 공동체에도 가정에도 만족하지 못하는 사람들이 많이 있었다(1960b:38). 이런 사람들은 로마 제국에서 숫자상으로도 규모상으로도 증가하던 개인 단체들(자발적 단체들이나 철학학파들) 중의 하나에서

위안을 찾았다. 저지는 이어서 교회와 이 단체들의 유사성을 요약한다 (우리는 나중에 그의 견해를 다시 다룰 것이다).

『바울의 편지들에 나오는 가정교회』(*The House Church in the Writings of Paul*, 1989)에서 **빈센트 브라닉**(Vincent Branick)은 신약성경에서 가정교회에 대한 증거를 찾고 가정의 구성과 기능을 이해하기 위해 헬레니즘의 배경을 살펴본다.[11] 그는 가정이 초기 바울 공동체의 토대였다고 이해한다. 하지만 가정은 단지 기독교 공동체 형성에 사용된 도구에 불과하다. 브라닉은 이 공동체의 구조와 조직의 측면에서 보면 회당이 이 기독교 공동체에 "가장 가까운 비교"를 제공한다고 제안한다(1989:52).[12]

3. 결론

고대의 가정 이해가 초기 기독교 그룹들의 형성 이해에 큰 도움이 되는 것은 분명하다. 하지만 이 모델은 다음 장들에서 살펴보는 다른 모델들과 상호 배타적이지 않다. 실제로 이 그룹들은 최소한 몇몇 경우에서만이라도 가정을 기초로ー전체 가정을 동참시키거나 새로운 가정을 구성하기 위해 창작상의 친족 언어를 사용해서ー형성되었다는 증거가 다른 모델들에서도 다 발견된다. 예를 들어, 우리는 자발적 단체

---

11) 그가 자인하는 것처럼, Branick은 Robert Banks(1981, 이제는 1994)와 Hans-Josef Klauck(1981b; 참조. 1981a, 1982)의 연구에 많은 빛을 지고 있다. 이 두 저자는 신약성경의 가정교회를 조사하려는 모든 사람들이 참고할만한 가치가 있다.
12) 그는 또한 자발적 단체와 지역 기독교 공동체 사이의 몇몇 (제한적인) 유비 부분도 인정한다 (1989:46-49).

로 구성된 가정들과[13] 회당[14] 및 신비종교의[15] 기초를 이루었던 가정들을 보여주는 비문상의 증거를 가지고 있다. 또 개인 가정은 많은 철학 교육과 심지어는 몇몇 철학학파의 현장이기도 했다.[16] 이것은 기독교의 경우에도 사실이기 때문에, 가정은 종종 교회 형성의 기초 세포였고 교회 발전의 핵심 요소였던 것으로 보인다(Filson 1939:112; Meeks 1983:75: Stambaugh and Balch 1986:140). 하지만 이것이 이 토대 위에 세워진 다른 모델들에 대한 유익한 고찰을 배제하지는 않는다.

---

13) 이외에도 Klauck 1981a:11; 1981b:86-87; 1992:32-34; Kloppenborg 1996a:23을 보라. White 1990:32-47; McLean 1993:247-49를 참조하라.
14) Klauck 1981a:13-14; 1981b:95-97을 보라. Kee 1990:8-14; White 1990:62-77을 참조하라.
15) White 1990:47-58.
16) Stowers 1984:66-68; De Witt 1954a:93, 52. Stowers(1984)는 바울의 선교 설교와 뒤이은 교육의 일차적인 장소는 공공장소라기보다는 개인 집이었다고 주장한다. 이 점에서 바울은 그 당시의 많은 철학자들과 비슷했다.

제1장

회당

1. 사도행전에 나오는 바울과 회당

예루살렘에서 시작된 초기교회는 성장하면서 로마 제국 전체로 퍼져나갔다. 이 확장의 주요 인물들 중의 하나는 교회의 박해자로 출발했다가 이내 부활한 예수와의 기적적인 만남을 통해 회심했다. 그는 이 복음의 메시지를 제국 도처에 살고 있는 이방인들에게 전했다. 물론 우리는 지금 이방인들의 사도인 바울에 대해 이야기하고 있다. 우리는 지금까지 묘사한 내용을 바울의 편지들과 사도행전으로부터 알고 있다.

사도행전은 바울의 첫 번째 선교여행의 첫 번째 체류를 이렇게 묘사한다. "그들이 살라미에 도착했을 때 그들은 하나님의 말씀을 유대인들의 회당에서 선포했다"(행 13:5). 그 다음에 체류한 비시디아 안디옥에서 바울은 권면의 말을 그곳의 회당에 속한 사람들에게 전한다(행 13:13-41). 그 다음 안식일에 다시 초대를 받은 바울과 바나바를 "많은 유대인들과 유대교에 개종한 경건한 개종자들"이 따랐다(행 13:43). 하지만 그 다음 안식일에는 유대인 지도자들이 이 선교사들에게 반대했고, 그러자 이 선교사들은 이 메시지를 이방인들에게 선포하겠다고 선언했다. 그 후에 이방인들은 이 메시지를 기쁘게 받아들였다(행 13:44-49). 이렇게 바울의 선교 전략의 기본 패턴이 형성되었다. 즉 바울과 동역자들은 먼저 회당으로 가고 그곳에서 유대인들과 "하나님 경외자들"(God-fearers) 둘 다에서 어느 정도 성공을 거둔다. 그 후에 그들은 유대인 지도자들의 반대로 인해 이방인들에게로 돌아선다. 이방인들은 그들의 메시지를 더 긍정적으로 받아들인다.

안타깝게도 바울의 편지들은 그의 선교 전략의 병참술을 자세하게 묘사하지 않는다. 각 도시에서 먼저 회당을 찾아가고 그 회당 참석자들 가운데서 첫 회심자들을 얻는 바울의 모습은 단지 사도행전에서만 전해진다. 성경을 배우기 시작하는 많은 학생들이 금방 발견하는 것처럼 사도행전은 바울 생애에 대한 이차적 자료이다. 그래서 그 증거는 역사적으로 정확한 것으로 인정받기 전에 이차적 자료로서 조심스럽게 검토되어야 한다(Knox 1987:3-90). 바울 자신의 편지들이 일차적 자료이고 따라서 우선시되어야 한다. 그럼에도 불구하고(우리가 아래에서 살펴보듯이) 많은 학자들은 사도행전에 제시된 밑그림을 인정하고 바울교회의 형성과 구조를 이해하는 데에 적합한 유비를 회당에서 찾는다. 하지만 이 학자들의 논의를 다루기 전에, 우리는 먼저 1세기 유대교 회당의 특성 및 범위와 관련된 몇몇 이슈를 개관해야 한다.

1. 1세기 회당의 특성과 범위

1) 묘사

비록 회당 제도가 모세 시대까지 거슬러 올라간다는 암시가 랍비문학, 필로, 요세푸스, 신약성경(행 15:21)에 나오더라도 이 제도는 최대한 빨리 잡으면 주전 6세기까지, 최대한 늦게 잡으면 즈전 2세기 초까지 인식 가능한 형태로는 존재하지 않았던 것 같다(Burtchaell 1992:202-4; Urman and Flesher 1995:xx-xxiv).

주후 1세기 증거가 제안하는 바에 의하면, 유대인들이 안식일에 개인 집에 모여서 개인 정결과 기도에 중점을 두는 모임을 가졌고, 다함께 식사도 했던 것으로 보인다(Kee 1990:8-14). 또 1세기 증거가 알려주는 바에 의하면, "회당"(*synagōguē*)이라는 단어는 본래 유대인들이 예배하기 위해 모인 특정 건물이 아니라 그들로 이루어진 공동체("함께 모인 것")를 가리킨다(Burtchaell 1992:202; 참조. Urman and Flesher 1995:xix).

1세기 이전에는 건물은 보통 프로슈케(*proseuchē* 〈기도처〉)로 불렸다. 하지만 1세기 말에는 시나고그(*synagōguē* 〈회당〉)가 회중과 건물 둘 다에 적용되었다(Urman and Flesher 1995:xix). 하지만 1세기의 어느 시점에 시나고그(*synagōguē* 〈회당〉)가 건물로 사용되게 되었느냐는 많은 논란의 대상이다.

이후의 발전이 제안하는 바에 의하면, 대개 회당은 장로제도 형태로 일단의 장로들에 의해 관리되었다(Burtchaell 1992:204). 조직 단체로서 회당은 그 지역에 사는 유대인들에게 많은 서비스를 제공해주었다. 그리스-로마 시대에 회당은 제국 당국의 적극적인 통치의 정도에 따라서 다양한 도시행정업무를 수행했다. 제국 당국의 통치가 거의 없는 곳에서는 회당이 "시 당국의 모든 기관들"의 역할을 떠맡을 수도 있었다(Butchaell 1992:206). 또 지역 회당은 종교적인 기능과 더불어 세무서, 사회복지기관, 여행자들의 숙박시설, 중요한 문서와 귀중품 보관소, 공동체 회관 등의 역할도 떠맡았을 것이다. 유대인들은 "가족의 영역을 벗어나는 거의 모든 공동체 생활 분야(종교, 사회, 경제, 교육)를 실현하는 방편을 그들의 지역 회당에서 찾았다"(Burtchaell 1992:227). 각 지역 회중은 행정적으로 자치적이었고 다른 더 큰 외부 당국의 통제 아래 있지 않았다. 각 지역 회중은 자신을 "이스라엘 전체 회중의 소우주"로 간주했다(Burtchaell 1992:215). 이처럼 지역 자치와 지역 충성이 높은 수준으로 유지되었더라도 각 지역 회중은 예루살렘으로 보내는 "성전세"를 통해 이스라엘에 있는 성전과 연결되어 있었다(Burtchaell 1992:220을 참조).

불행하게도 이 회당 묘사를 지지해주는 증거는 1세기 이후에 주로 탈무드와 미쉬나에 나온다. 이것이 1세기로 소급되는데 종종 정당한 근거 없이 소급되기도 한다. 이런 다양한 기능에 대한 증거로 인용될 수 있는 것은 오직 단 하나의 비문 증거뿐이다. 바로 예루살렘의 "테오도투스"(Theodotus) 비문이다(*CIJ* 1404). 비록 이 비문이 종종 주후 1세기의 것으로 추정되더라도 이제는 최소한 2세기나 그 이후의 것으로 보는 것이 더 타당해 보인다.[1]

하워드 클락 키(Howard Clark Kee, 1990)는 프로슈케(*proseuchē*)에서 시나고그(*synagōguē*)로의 이 이동이 1세기 말이나 2세기 초에 일어났다고 주장했다. 그의 말에 의하면, 문학 작품들은 건물에 사용된 시나

---

1) Kee의 1995a에 들어있는 상세한 조사를 보라.

고그(synagōguē)를 보여주는 가장 오래된 현존하는 증거를 3세기 말의 것으로 밝혀준다. 그때까지는 프로슈케는 건물을 가리키는 데에 사용되고 시나고그는 모이는 공동체를 지칭하는 데에 사용된다(1990:6). 그는 또 주후 200년 전에는 팔레스타인의 회당들이 건축학적으로 구별되는 건물이었다는 증거가 없다는 고고학적 고찰을 내놓는다(1990:9). 1세기 이전의 디아스포라의 유대인 예배 장소들은 주후 3세기 회당의 특성을 별로 보여주지 않고 실제로 각각의 예배 장소는 프로슈케로 이해되었던 것으로 보인다.

1세기의 바리새인들에 관한 연구는 예배나 조직의 공식적인 패턴에 대한 어떤 징후도 보여주지 않는다. 이 모든 증거가 제안하는 바는 1세기 말 이전의 유대인들은 "토라를 새롭게 사용하고, 그룹의 정체성을 강화하고, 이스라엘의 하나님에 대한 헌신을 고양하려는 비공식적인 모임"과 관련되어 있었다는 것이다(1990:14). 따라서 누가가 바울과 그의 동역자들이 회당에 들어가서 설교하고 가르치는 것으로 이야기할 때는 후대(주후 70년 이후)의 회당 예배 형태를 초기 교회 시대로 투영하는 것이다(1990:18).

고고학적 및 문학적 증거를 근거로 삼아 내려진 모든 결론들과 마찬가지로 키의 결론도 도전을 받았다. **리차드 오스터**(Richard E. Oster, 1993)는 누가를 변호했다. 오스터는 키가 너무 편협하게 프로슈케와 시나고그 사용에 초점을 맞춤으로써 몇몇 증거를 잘못 제시했다. 그리고 요세푸스 등에게서 발견되는 중요한 문학적 증거를 간과했다. 그리고 고고학적 자료를 잘못 해석했다고 주장했다. 오스터의 결론에 의하면 누가의 유대교 회당 묘사는 시대착오적이지 않고 70년 이전 시대의 회당에 대해 알려진 것에 실제로 잘 부합된다. 키는 짧은 대답을 통해

(1994) 오스터의 몇몇 주장을 무너뜨리려고 한다. 그는 이후에 테오도투스 비문에 대한 논문에서도 똑같은 시도를 한다(1995). 분명히 이 논란은 가까운 장래에 잦아들지 않을 것이고 이 질문을 어떻게 해결하느냐가 특히 초기 바울 공동체 형성을 어떻게 이해하느냐에 영향을 미칠 것이다.

2) 유대교 개종

1세기에 유대인들, 특히 바리새인들은 적극적인 선교 활동을 통해 유대교 개종자들을 찾았다는 것이 지금까지 학자들이 취해왔던 상당히 확고한 전제였다(McKnight 1991:1-4에 나오는 요약을 보라). 이방인들은 유대교의 유일신론, 민족적 특권, 도덕 강조에 매력을 느꼈고 유대인 선교사들은 개종자들을 얻기 위해 이 모든 것을 사용했다. 마태복음에서 예수님이 "한 명의 개종자(프로셀리톤⟨prosēlyton⟩)를 얻기 위해 육지와 바다를 가로지르는" 서기관들과 바리새인들을 책망하실 때에 (마 23:15) 이 선교 열정이 확인되는 것으로 보인다. 사람들은 이 선교 열정이 그들처럼 개종자들을 얻기 위해(처음에는 유대교 안에서 자신들의 지류로, 종국에는 자신들의 새로운 종교로) 세상으로 나아간 그리스도인 선교사들의 원형이었다고 생각했다. 그래서 바울은 이전에 바리새인으로서 했던 바로 그것을 이제는 그리스도인으로서 하고 있다고 간주한다. 단지 그렇게 하는 이유만이 달라졌을 뿐이다.

최근의 연구는 이 전제에 의문을 제기했다. 『이방인들 가운데 있는 빛』(*A Light Among the Gentiles*, 1991)에서 **스캇 맥나이트**(Scot McKnight)는 비록 고대 문헌이 유대교로 개종한 이방인들이 있었다고 말해주더라도 "제2성전 유대교는 선교 활동에 별로 관심이 없었고", "선교적인 종교가 아니었다"고 주장한다(McKnight 1991:7). 맥나이트는 유대인들이 헬레니즘 환경에 통합되는 동시에 그것을 적대하는 많은 방식들을 살펴본다. 그래서 헬레니즘 교육, 이방인들에 대한 친절, 일부 사상의 수용은 유대인들을 개방으로 이끈 반면에 선택받은 하나님 백성이라는 확신과 아브라함 및 모세의 언약은 유대 민족으로 하여금 이방인들과 거리를 유지하는 사회적 경계선을 긋게 함으로써 그들이 오염되지 않게 했다. 요약하자면 유대 민족은 이방인들에게 "거룩하면서도 친절했다"(McKnight 1991:29).

맥나이트 책의 제2장과 제3장이 가장 중요하다. 왜냐하면 여기서 그가 유대교 개종자들을 언급하는 고대 자료를 재검토하기 때문이다. 이 자료가 보여주는 바에 의하면 비록 "유대인들이 유대교로 개종하려는 이방인들에게 대개 호의적인 태도를 취했더라도"(1991:45) "유대인들이 이방인들에게 선교하고 그들을 적극적으로 자신들의 종교로 끌어들이려고 했다는 증거는 거의 없다"(1991:48). 이방인들이 유대교로 개종한 대부분의 방식은 "수동적인" 선교와 관련이 있다. 어떤 사람들은 하나님의 강력한 행동에 설득되었을 것이고 다른 사람들은 유대인의 정체성을 확립하려는 유대 문학을 접하고 개종했을 것이다. 분명히 회당은 이방인들이 와서 배우도록 개방되어 있었고 유대인들에게 교육받은 버려진 이방인 아이들은 "유대인"으로 간주되었다. 다른 사람들을 유대교로 끌어들이는 데에 가장 효과적인 것은 선한 생활을 하는 것과 선한 행위를 하는 것이었다. 이 점에서 외부인들에 대한 유대인들의 태도는 "이방인들 가운데 있는 빛"이어야만 했다(1991:48). 고대의 증언에서 명백하게 결여되어 있는 것은 적극적으로 이방인들을 개종시키려는 소수의 전도자들에 대한 증거이다(1991:75). "한 마디로 말하자면, 유대교는 선교하는 종교가 아니었다고 할 수 있다"(1991:77).

마틴 굿맨(Martin Goodman)의 두 연구(『선교와 개종』[*Mission and Conversion*], 1994)와 "1세기의 유대교 개종 활동"(Jewish Proselytizing in the First Century, 1992, 53-78)은 맥나이트의 결론과 일치한다. 그는 1세기 유대인들이 개종자들을 얻으려고 적극적인 선교를 했다고 주장하기 위해 제시된 증거를 재검토한 후에 이런 주장은 "매우 약하고" 실제로 그런 선교의 존재를 부정할 좋은 이유가 있다고 결론짓는다(1992:70). 비록 유대인 동조자들을 얻으려는 유대교 선교를 보여주는 증거가 다소 있더라도 그것은 종종 1세기에 시행되었다고 전제되는 "보편적인 개종 선교와는 한참 거리가 멀다"(1994:87-88).

비록 이방인들이 유대교로 나아오는 것을 거부하지는 않았더라도 대부분의 유대인들은 자신들의 신앙을 수동적으로 증거하는 것이 자신들의 역할이라고 여겼다. "이방인들이 이런 증거에 어떻게 반응하느냐는 그들에게 달려 있었다"(1992:72).

맥나이트와 굿맨의 연구에서 지금의 우리에게 가장 중요한 것은 "1세기 회당들이 이방인들을 개종시키려는 적극적인 유대인 선교의 근거지였다"는 과거의 줄기찬 주장에(Jeremias 1958:11-19; Georgi 1986:83-151, 특히 84를 보라) 반박하는 축척된 증거이다. 회당에 근거를 둔 "유대인 선교"는 더 이상 그리스도인 선교 열정의 원형으로 간주될 수 없다. 왜냐하면 그런 선교는 존재하지 않았기 때문이다. 오히려 우리가 발견한 것에 의하면, 증거는 회당이 "하나님 경외자들"이라고 불리는 많은 유대교 동조자들과 함께 소수의 개종자들을 받아들이는 데에 (그들을 적극적으로 개종시키려 하지 않고) 좀 더 소극적인 역할을 했음을 보여준다.[2] 이제 우리는 이 전자의 그룹을 다루고자 한다. 왜냐하면 근래의 학문 연구가 이 그룹을 다시 논란의 대상으로 만들었기 때문이다.

3) 하나님 경외자(God-Fearers)의 존재 여부

그의 이야기의 여러 곳에서 누가는 초기 기독교 그룹들이 회당에 속한 그룹에서 생겨났다고 말한다. 이 그룹은 사도행전에서 "하나님을 경외하는 자들"(호이 포부메노이 톤 테온⟨*hoi phoboumenoi ton theon*⟩, 행 10:2, 22, 35; 13:16, 26)과 "하나님을 경배하는 자들"(호이 세보메노이 톤 테온⟨*hoi sebomenoi ton theon*⟩, 행 13:43, 50; 16:14; 17:4, 17; 18:7)로 표현된다. 이 구절들은 유대인들에게 사용되지 않고 유대교에 매력을 느끼고 회당과 가까이 지내던, 심지어는 회당 모임에 참석하던 이방인 동조자들을 가리키는 것으로 보인다.

하지만 이렇게 표현된 사람들이 유대교로 완전히 개종하여 개종자들(프로셀리토스⟨*prosēlytos*⟩; Luedemann 1987:155; 행 2:10; 6:5; 13:43; 참조. 마 23:15)이 된 것 같지는 않다. 종종 "하나님 경외자들"(God-fearers)이라는 전문용어로 표현되는 이런 "동조자들"(sympathizers) 그룹의 존재는 오랫동안 전제되어 왔고 바울 그룹은 초기 회당에서 기원했다고 설명하는 데에 종종 사용되었다. 바울은 회당에서 선교했고 그 결과

---

2) Goodman(1994:109-53)의 주장에 의하면 2세기와 그 이후에 좀 더 적극적인 유대교 선교가 등장한 것은 초기 기독교의 광범위한 개종 선교의 영향을 받은 직접적인 결과였다. 그는 이 선교 열정이 기독교 내부와 외부에서 생겨났다고 말한다. 정확한 근원은 추적하기가 어렵지만, 아마도 종말론적 열망, 사도 바울의 독특한 성격, 재림 지연에 대한 실망(1994:167-68), 이방인을 교회에 받아들이는 문제에 대한 그리스도인들 간의 논쟁(1994:170) 등에서 유래했을 것이다.

이방인 하나님 경외자들을 개종시켰고 그렇게 해서 "이방인의 사도"가 되었다는 것이다. 하지만 근래 들어 이 그룹의 존재 자체가 의문시되고 있다.

크라벨(A. T. Kraabel)은[3] 디아스포라 유대교의 회당에 속한 "하나님 경외자들"이라는 큰 그룹의 존재를 강하게 부인했다. 1981년에 쓴 "하나님 경외자들의 소멸"(The Disappearance of the God-Fearers)이라는 논문에서 그는 최초의 묘사를 제공한 것은 사도행전이고 다른 증거는 이 묘사에 맞춰 개작되었다고 말한다. "**전문용어들**은 항상 누가에서 추출되었다……이것들은 사도행전에 나오는 포부메노스(*phoboumenos*)와 세보메노스(*sebomenos*)이고 후자의 변형된 표현으로 간주되는 **테오세베스**(*theosebēs*)이다." 이 용어는 비문에 자주 나온다(Kraabel 1981:114-15, 강조는 그의 것이다). 그의 생각에 의하면, 누가는 이런 그룹의 존재를 증거하는 믿을만한 자료로 신뢰할 수 없다. 왜냐하면 특히 이 하나님 경외자들이 그가 진술하고자 하는 것과 아주 잘 부합하기 때문이다.[4]

크라벨은 디아스포라 회당 유적지 여섯 군데를 조사하지만 이 도시들(Dura Europas, Sardis, Priene, Delos, Stobi, Ostia)에서 이방인들이 유대교에 합류했다는 증거를 찾아내지는 못한다. 비록 이 "침묵의 논증"(Hemer 1983:54)이 디아스포라 회당과 관련된 대규모의 하나님 경외자들은 절대로 없었다고 최종적으로 증명하지는 못하지만 누가의 묘사에 의문을 제기한다. 크라벨은 다음과 같이 지적한다.

---

3) MacLennan and Kraabel 1986도 보라. Wilcox 1981을 참조하라. 이 에세이를 포함하여 Kraabel의 논문 다수가 Overman and MacLennan 1992에서 재출판되었다.

4) 랍비 문학에 나오는 동조자들과 개종자들에 대한 논의들(Feldman 1986:62을 참조)뿐만 아니라, 몇몇 고고학적 증거도 있다. 그러나 이 증거는 주로 1세기 이후의 것이다(예를 들어, Nock 1972a:51, 각주 2).

이 가정을 거짓으로 밝히기 위해 요구되는 새로운 증거는 현저해야만 할 것이다. 포부메노스(*phoboumenos*)나 세보메노스(*sebomenos*)라는 용어를 사도행전처럼 정확하게 사용하는 명확한 비문 하나는 도움은 되지만 충분하지는 않다. 왜냐하면 이것은 기껏해야 그 특정 회당 공동체에 하나님 경외자들이 있었다는 것을 증명해주기 때문이다(1981:121).

많은 학자들이 하나님 경외자들의 존재를 언급하는 것으로 간주하는 아프로디시아스의 회당 비문이 그런 비문 중의 하나일 것이다(주후 3세기 초[210년경]; Reynolds and Eannenbaum 1987:5-7). 탄넨바움은 아프로디시아스 비문의 테오세베스(*theosebēs*〈"하나님 경외자들"〉) 사용에 대해 묘사하고 간략하게 논의한다(1986:56-57). 그는 이 비문에 자주 나오는 테오세베이스(*theosebeis*)와 이들과 탈무드 및 초기 교회 문헌에 등장하는 사람들과의 유사성에 초점을 맞춘다. 그는 이 비문에서 이렇게 표현된 사람들은 회당에 매료되기는 했지만 아직 완전한 개종자가 되지는 않았다고 결론짓는다. 이 비문을 사용하는 것은 문제가 많다.

첫째, 이 특수한 증거는 바울 기독교를 이해하는 데 사용하기에는 너무 후대의 것이다.

둘째, 여기서 사용되는 용어는 테오세베스(*theosebēs*)인데(1. 34), 이 용어는 사도행전에서는 사용되지 않는다.

셋째, 탄넨바움이 지적하는 것처럼(1986:57), 하나 또는 다수의 이방신에게 희생제사를 지내도록 요구받은 9명의 시의원들에 대한 이 비문의 언급은 "하나님 경외자들"이 다른 신들에 대한 숭배를 포기하지 않은 채로 회당에 합류할 수도 있었다는 것을 보여준다. 머피-오코너

(1992:122)는 탄넨바움이 급식시설의 입구에 세워진 비문에 담겨있는 암시를 신중하게 다루지 않는다고 지적한다.

> 이런 건물은 사회적 필요에 부응했다. 시민의 의무감을 갖고 있는 이방인들이 이런 시설에 후원하는 것은 아주 자연스러운 일이었을 것이다. 왜냐하면 그것은 단지 그 유대교 공동체뿐만 아니라 그 도시에도 유익한 일이었기 때문이다.

여기에 나오는 테오세베스(*theosebēs*)라는 칭호는 단순히 이방인 기부자들의 도덕성을 칭찬하는 것이다. 따라서 테오세베스(*theosebēs*)가 고대에는 전문적인 또는 준 전문적인 의미를 갖고 있었다고 추정하지 않아야 한다. 실제로 이 용어는 단지 이방인들이 동료 시민인 유대인들에게 친절했다는 것만을 말해주는 것으로 보인다(MacLennan and Kraabel 1986:51).[5]

"하나님 경배자"(Worshiper of God)라는 명칭이 누가의 산물이라는 증거는 누가가 기독교로 개종한 이방인들을 이렇게 부르기를 선호한다는 데에 근거한다. 누가복음과 사도행전에서 "유대교 동조자들"(Jewish Sympathizers)이라고 불리는 이방인들에는 백부장(눅 7:5),[6] 에티오피아 내시(행 8:27-28), 고넬료(행 10:2; 참조. 그의 시종, 10:7)가 포함된다. "하

---

5) 사르디스 회당의 경우 Kraabel은 많은 수의 "절반 개종자들" 또는 "하나님 경외자들"이 있었다고 확신하지 못한다(1994:79, Feldman과는 반대로). 로마 제국에서 이방인들이 유대인들과 교류했던 것은 확실하나, 종종 "종교"보다는 오히려 사업, 정치 또는 우정 때문에 그랬다(Kraabel 1994:81, 82; 참조. 79). 디아스포라 유대교는 자신에게 가장 익숙한 언어, 개념, 이미지, 사고, 형태 등으로, 즉 지배적인 헬레니즘 문화를 사용하여 자신을 표현했을 것이다(Kraabel 1994:84). 이런 증거를 앞에 두고는, "개종자들"을 가정할 필요가 없다.

6) 이런 묘사는 대개 누가가 Q에 첨가한 것으로 보인다. Kloppenborg 1988:50을 보라.

나님 경외자들"은 누가가 바울을 묘사할 때에 먼저 유대인들에게 가고 그 후에야 이방인들에게 가는 것으로 묘사하는 패턴을 흐트러뜨리지 않기 위해 사용되는 것으로 보인다(참조. Kraabel 1994:85). 그래서 크라벨은 다음과 같이 결론짓는다.

> 하나님 경외자들은 필요할 때에 무대에 나타나고, 이야기의 줄거리에서 그들의 목적을 달성한 후에는 무대에서 사라진다. 사도행전은 로마제국의 회당들에 이런 그룹들이 있었다는 증거로 사용될 수 없다(Kraabel 1981:121; Kraabel 1994:85).

그런 후에 그는 하나님 경외자들은 "누가가 기독고가 어떻게 **적법하게**(legitimately) 그리고 구약성경의 뿌리를 상실하지 않고 이방인 종교가 되었는지를 보여주도록 도와주는 상징이다"라고 주장한다(Kraabel 1981:121, 강조는 그의 것이다).

모든 사람들이 크라벨의 연구 결과를 흔쾌히 받아들인 것은 아니다.[7] 예를 들어, **제롬 머피-오코너**(Jerome Murphy-O"Conner)는 아프로디시아스 비문에 나오는 급식시설 기부자 아홉 명에 대한 탄넨바움의 이해에 동의하지 않음에도 불구하고 그 비문의 앞쪽에서 테오세베이스(*theosebeis*)로 언급된 두 명은 (비록 그들이 아직은 개종자라고 불릴 정도의 단계에는 도달하지 않았을지라도) 실제로 유대교 공동체의 일원이었다고 주장한다(Lots of God-fearers? *Theosebeis* in the Aphrodisias Inscription,

---

7) 비록 대부분의 예들이 주후 1세기 이후의 것이더라도, Kraabel(and MacLennan)에게 응답하는 Feldman(1986)을 보라. Segal 1990:93-96, 특히 95쪽을 보라. Segal은 누가의 계획이 그의 묘사에 영향을 주었을 것이라고 인정하나, 그럼에도 불구하고 하나님 경외자들은 존재했다. 아마도 많은 수가 존재했을 것이라고 한다(1990:95).

1992, 423-24). 이 주장은 주후 1세기의 한 유대인 해방 비문에 의해서 확증된다(CIRB 71). 이 비문은 테오세베스(theosebēs)라는 명칭이 실제로 존재했고 단순히 누가의 신학적 산물이 아니라는 것을 보여준다. 하지만 머피-오코너는 이 용어가 애매모호하고 문맥에 따라 다양한 의미로 사용될 수 있다고 경고한다. 그래서 단 하나의 유일한 정의를 내리려고 해서는 안 된다.

앤드류 오버맨(J. Andrew Overman, The God-Fearers: Some Neglected Features, 1992)은 크라벨의 연구 결과에 훨씬 더 비판적이다. 그는 크라벨이 "로마제국에서 유대교 공동체의 생활에 매력을 느끼거나 그 생활과 관계를 맺은 이방인들의 무리 내지 그룹"의 존재를 보여주는 중요한 증거를 간과했다고 지적한다(1992:146). 오버맨은 아주 다양한 칠십인역 표현들이 유대교에 매료된, 나중에 "하나님 경외자들"로 알려지게 되는 비유대 민족의 무리가 오랫동안 존재했다고 암시하는 것을 보여준다. 누가는 이것을 알고 있었을 것이다. 또 오버맨은 사도행전에 나오는 호이 포부메노이/세보메노이 톤 테온(hoi phoboumenoi/sebomenoi ton theon)과 똑같은 표현이 그 시대의 문헌과 비문에는 나오지 않는 반면에 요세푸스, 필로, 유베날(Satire 14, c. 130) 같은 저자들의 다른 묘사들과 아크모네아와 사르디스의 비문들이 그런 그룹이 존재했다고 암시한다는 것을 보여준다. 오버맨은 "상당히 많은 수의 이방인들이 유대교로 이끌렸던 것이 명백하다"고 결론을 내린다(1992:151).

우리는 몇몇 저자들을 살펴보았다. 크라벨은 1세기에 유대교에 동조했던 이방인들의 존재를 지나치게 부정하는 것으로 보인다. 동방 제의들에 매료되는 현상이 제국 전체에서 일어났기 때문에 유대교에 관심을 갖는 사람들도 분명히 있었을 것이다. 하지만 사도행전의 묘사를 너무 쉽게 받아들이는 것에 대한 크라벨의 경고는 좋은 근거가 있다. 따라서 모든 학자들은 초기 바울교회 형성에 대한 누가의 묘사를 사용하는 데에 신중해야 할 것이다. 많은 문헌이 제기하는 문제는 유대교에 매료된 이방인들의 존재라기보다는 이 그룹의 크기이다. 적은 양의 증거는 우리가 좀 더 많은 증거도 없이 너무 빨리 많은 수의 "하나님 경외자들"을 기정사실화하면 안 된다고 제안한다.

2. 모델로서의 회당

1세기 회당의 특성, 유대교 선교의 존재 여부, 회당에 속한 "하나님 경외자들"이라는 범주의 존재 여부를 둘러싼 논쟁은 여전히 계속되고 있다. 하지만 이 토론을 진행하면서 많은 학자들은 회당이 초기 바울교회의 형성과 구조를 이해하는 데에 가장 적합한 유비라는 증거를 발견했다. 왜냐하면 바울교회는 회당에서 곧장 발전되었기 때문이다.

존 개거(John G. Gager)의 『왕국과 공동체』(*Kingdon and Community*, 1975:126-29, 135-40)에 의하면[8] 기독교가 팔레스타인 밖의 그리스-로마 세계에 적응할 때에 디아스포라 유대교는 기독교에게 거룩한 성서(칠십인역)의 사용, 해석 방법, 유대 문서(예를 들어, 시빌리 신탁)의 개정, 필로의 영향, 그리스도인 선교사들이 개종자들을 얻으려고 시도할 수 있는 장소(회당)의 제공 등 여러 방식에서 "청사진"을 제공해주었다. 기독교 공동체는 자신의 모임에 지도체제, 예배의식, 사회활동의 부분에

---

8) Gager에 대한 분석을 위해서는, Smith 1978을 보라.

서 디아스포라 회당의 기본 구조를 차용했다. 기독교는 사회적-정치적 측면에서 유대교를 뛰어넘었다. 왜냐하면 디아스포라 유대교는 "주요 보편 종교"로서의 잠재적 가능성에 결코 도달하지 못했기 때문이다(1975:139). 그리고 헬라 기독교는 제의법 준수의 의무나 민족 정체성과의 연결 없이도 유대교의 모든 혜택을 제공해주었다(1975:139-40).[9]

웨인 믹스(Wayne A. Meeks)는 1985년에 쓴 논문인 "관계 단절: 유대 공동체와 기독교의 분리에 대한 신약성경의 세 개의 묘사"(Breaking Away: Three New Testament Pictures of Christianity's Separation from the Jewish Communities, 1985)에서 어떤 도심지에서도 바울 기독교 그룹과 유대교 공동체 사이에는 거의 아무런 접촉도 없었다고 주장한다. 사도행전의 묘사보다는 바울의 편지들에 근거하여 주장을 전개하면서 그는 바울 기독교 그룹에게 조직 형태를 제공한 것은 회당이 아니라 가정이었다고 제안한다. 또 바울과 유대인들 사이에 있었던 몇몇 갈등을 제외하면 이 두 그룹 사이에는 거의 아무런 갈등도 없었다고 제안한다. 비록 신학적으로는 유대교가 바울 기독교의 정체성 형성에 중심적인 역할을 감당했더라도 사회적으로 바울 그룹은 유대교의 분파가 아니었고 그 그룹이 생겨난 도시의 유대 단체와 상관없이 독립적으로 생활을 영위했고 증거가 밝혀주는 바에 의하면 분명히 유대인들과는 거의 또는 전혀 교류하지 않았다(1985:106).

바울 기독교의 정체성은 한 때 유대교 배경 안에 있었을 때에 형성되지 않았다는 믹스의 제안은 아주 옳은 반면에 대안으로 제시하는 그

---

9) Gager는 신비종교(1975:129)와 철학학파(1975:134-35)는 초기 기독교 형성을 이해하는 데에 유효한 모델들이 아니라고 분명하게 거절한다. 그의 주장에 의하면 만약 기독교가 이 다른 그룹들 중의 하나의 제도 형태를 차용했다면 기독교는 1세기 이후에는 살아남지 못했을 것이다(1975:129, 134).

의 제안은 설득력이 없다. 우리가 서론에서 살펴보았듯이 가정은 회당을 포함하여 고대의 대부분의 소그룹 형성의 토대였다. 그래서 믹스는 유비를 찾는 데에 좀 더 구체적일 필요가 있다. 사실 불과 얼마 전에 쓴 책(1983)에서는 그는 좀 더 구체적이었다. 초기 기독교 그룹 형성 이해에 사용할 수 있는 다양한 모델들을 간략하게 기술하면서 믹스(1983:80-81)는 유대교 회당을 도시 기독교 그룹을 이해하는 데에 가장 가깝고 가장 자연스러운 모델이라고 부른다. 왜냐하면 기독교 그룹은 유대교의 파생물이었기 때문이다(1983:80; 참조. 1986:110).[10] 이 둘 사이에는 많은 유사점이 있다.

첫째, 유대인 그룹과 기독교 그룹 둘 다 지역 그룹을 넘어서는 보다 큰 운동에 속해 있다는 소속감을 갖고 있었다.

둘째, 바울의 에클레시아(*ekklēsia*) 용법은 헬라어를 사용하는 유대인들이 이 단어를 사용하는 용법과 비슷하다(하지만 믹스는 이 단어가 회당에 사용되었다는 증거를 하나도 제시하지 못한다).

셋째, 두 그룹 모두 모임을 위해 개인 주택을 사용했고 그 모임의 구조는 "십중팔구" 비슷했을 것이다.

또한 믹스는 많은 차이점도 인정해야 했다. 직분자를 가리키는 용어가 서로 다른 것으로 보이고 여자들에게 좀 더 큰 역할이 부여되고[11] 교회 구성원 자격 조건은 민족적 배경보다 더 광범위하고 바울은 몇몇 유대교 의식(예를 들어, 할례)을 거부한다. 그래서 회당이 믹스에게는 가장 좋은 모델이지만 바울교회 형성의 현상을 충분히 설명하는 데는 여전

---

10) 그는 회당이 콜레기아(collegia, 조합)로서 합법적으로 간주되었고 콜레기아 구조의 많은 측면들을 차용했다고 본다(Meeks 1983:80; 참조. 35).
11) 그러나 Brooten 1982를 보라.

히 불충분하다.[12]

제임스 버트챌(James Burtchaell)이 1992년에 출판한 책인 『회당에서 교회로』(*From Synagogue to Church*, 1992)는 초기 교회의 직분에 초점을 맞춘다. 그는 종교개혁부터 현대까지 이 논의의 역사를 추적한다. 그는 교회 직분이 신약성경에서(즉 가장 초기의 공동체들에서) 기원했다는 주장과 교회 직분은 나중에 2세기에 시작되었다는 반대 주장의 발전을 자세하게 살핀다. 버트챌에 의하면 "일치된 의견"은 거의 아무런 도전도 받지 않고 6세기 이상 지속되었다. 즉 초기 교회는 자발적이었고 비조직적이었고 권위를 가진 직분자 내지 직분이 없었다는 것이다. 그 결과 이것이 신약성경의 이상을 토대로 삼으려는 현대 교회의 이상이 되었다. 이 연구의 결과로 이 책의 후반부에서 버트챌은 교회에는 맨 처음부터 예식을 주관하는 직분자들이 있었다고 주장하면서 많은 현대 해석에 이의를 제기한다. 하지만 이 직분자들이 공동체에서 최고의 권위를 가졌던 것은 아니다. 이 권위는 (신약성경과 **디다케** 같은 다른 초기 기독교 문서들 둘 다에 반영되어 있듯이) 선포하기 위해 하나님의 영감을 받은 카리스마적 평신도들에게 주어졌다.

우리의 연구 조사에는 이 책의 후반부가 더 중요하다. 버트챌은 고대 유대교 공동체의 증거를 검토하고 어떻게 기독교 교회가 실제적으로 회당의 직분을 지속시켰는지를 보여준다. 회당의 역사를 간략하게

---

12) Rajak and Noy(1993:77)에 의하면, Meeks는 기독교가 회당을 모방한다는 명백한 증거가 바울의 편지들에 나오지 않기 때문에 모델로서의 회당을 너무 빨리 무시해 버린다. 그들은 유대인들과 그리스도인들이 많은 습관(성경 읽기, 찬송 부르기, 기도, 공동 식사)을 공유했고, "도시생활에 동참하고 우상을 숭배하는 이교도들과 교류하는 데서 발생하는 많은 원칙과 실제의 문제들"을 공유했다고 생각한다. 이것은 Rajak의 1985년 연구에서 더 상세하게 탐구되었다.

살펴보고 회당이(팔레스타인과 디아스포라) 유대교 공동체에서 감당한 다양한 기능을 간략하게 기술한 후에 버트챌은 그의 핵심적인 관심인 회당의 직분자들에 주의를 기울인다(1992:228-63). 그의 결론에 의하면 방대한 양의 증거에는 유대교 회당의 전형적인 특징으로 간주될 수 있는 공동체 프로그램, 예배, 직분에 대한 전승이 들어 있다. 이것은 그가 회당에서 교회로의 연속을 보여주는 유비적인 패턴을 분간할 수 있는지를 조사하기 위해 기독교 교회를 다룰 때에 중요하다.

 방법론적으로 버트챌은 어떻게 기독교 그룹의 구조가 회당 모델에서 생겨났는지를 설명할 때에 "명칭의 변화"와 "현저하게 기독교적인 발전"을 허용하기를 원한다(1992:274). 하지만 이 방법론적 장치는 이내 그의 논의의 약점이 된다. 버트챌은 회당에서 교회로의 직접적인 연속을 주장한다. 그러나 거의 동시에 그는 그룹의 명칭과 관련해서(즉 바울은 에클레시아〈ekklēsia〉를 사용하고, 시나고그〈synagōguē〉는 절대로 사용하지 않는다) "그리스도인들은" 유대교 공동체로부터 "자신들을 분리하기 시작하고 있었다"고 인정할 수밖에 없었다(1992:278). 그는 "명칭은 구조가 아니다"고 제안하면서 이 문제를 해소하려고 시도하지만(1992:278) 이것을 증명하지는 않았다. 사실 버트챌은 자신이 연구 내내 증명하려고 노력한 것을 가정하고 있는 것으로 보인다. 즉 그는 회당에서 교회로의 연속을 가정한 다음에, 유대인 그룹과의 관계를 단절하는 그리스도인들이 보여주는 모든 차이점을 설명하려고 노력한다. 하지만 그는 자신이 가정하는 연속을 지지하는 강력한 논의를 결코 제시하지 않는다. 그가 언급하는 구성원 자격, 지도체제, 재산 소유권, 명칭의 차이(1992:340-48에 요약되어 있다)가 그가 묘사하는 기능의 유사성(1992:339-40)을 훨씬 능가하는 것으로 보인다. 실제로 몇몇 기능(기도,

의식 식사, 공동체 정책 토론, 훈련 실시, 직분자 선출, 죽은 자 매장과 묘지 관리)은 아주 보편적인 것이어서 많은 형태의 그룹들에게 해당되고, 회당과 교회 사이에서 요구되는 명백한 연결고리는 없다. 자율적인 지역 공동체들이 없는 세계적인 조직의 유사성은 단순히 증거를 오해한 것이다(Ascough 1997을 보라). 버트챌은 팔레스타인 기독교와 다른 지역의 기독교 그룹들(즉 도시 지역의 바울 그룹들; 참조. 1992:336, 352)을 뒤섞음으로써,[13] 그리고 기독교 그룹들 사이의 근본적인 차이를 인식하지 못함으로써 이 문제를 더욱 악화시킨다.

마이클 굴더(Michael D. Goulder, "데살로니가의 실라"[Silas in Thessalonical, 1992)는 교회가 "회당의 자궁에서" 태어났다고 주장했다. 그의 연구는 **주디스 리유**(Judith M. Lieu)의 논문 "하나님 경외자들이 좋은 그리스도인들이 되는가?"(Do God-fearers Make Good Christians?, 1994)에 요약되어 있다. 리유의 출발점은 교회는 원래 회당의 내부에서 형성되었고 그런 단체로서 많은 하나님 경외자들을 끌어들였다는 것이다. 이 하나님 경외자들은 유일신론에 공감했고 이것이 요구하는 윤리적 결정에 높은 관심을 가졌다. 이 뿐만이 아니라 그들은 또한 칠십인역 본문에 기록되어 있는 역사상의 하나님 계시와 유대 민족의 경험에도 아주 익숙했다. 그래서 바울은 그의 편지들에서 독자들이 이 성경 본문과 어느 정도 친숙한 것을 전제하는 방식으로 성경에 호소하면서 논지를 전개할 수 있었다(1994:333).

이 하나님 경외자들은 회당의 정회원이 되는 것을 망설였다. 왜냐하면 회당이 "생명을 위협하는 정도는 아니더라도 고통스러울 뿐만

---

13) 또 그는 사도행전의 기독교 확장 묘사를 다소 무비판적으로 이해한다.

아니라 도덕적으로 혐오스러운" 과정인 할례를 요구했기 때문이다(1994:334).[14] 하지만 기독교는 유대교의 윤리적 유일신론도 지지했고, 이 하나님 경외자들에게 공동체의 정회원 자격도 부여했다. 그래서 많은 하나님 경외자들이 그리스도인이 되었다. 그들은 유일신론과 높은 윤리 기준에 대한 그들의 헌신 때문에 "좋은" 그리스도인이 되었을 것이다. 리유는 그들을 기독교를 "완전하게 이해하지" 못하고 "옛 방식"의 잔재를 청산하지 않아서 "나쁜" 그리스도인이 된 이방인들과 대조한다. 이렇게 유대교의 가장자리에 붙어있는 것은 또한 그리스도인이 된 하나님 경외자들이 가지고 있던 주요 약점이기도 했다. 율법(예를 들어, 음식 규정, 절기 준수, 할례)에 복종하려는 그들의 열망은 기독교 내에서는 성취되지 않았고 그들로 하여금 유대인-그리스도인 선교에 쉽게 희생당하게 만들었다(1994:335).

    리유의 재구성은 유대교와 기독교의 상호교차에 대한 정보를 제공한다. 하지만 불행하게도 이 묘사를 인정하는 사람들은 단순하게 너무 빨리 바울의 몇몇 본문들의 배후에 하나님 경외자들이 있었다고 가정하고 바울의 다른 본문들에는 적절한 주의를 기울이지 않는다. 우리는 바울이 "이교도" 개종자들이 옛 생활 형태로 퇴보한 상황, 그래서 그들이 하나님 경외자이었을 수 없는 상황(예를 들어, 고린도인들이 직면하고 있는 많은 도덕적 난제들)을 언급하는 것을 너무나 자주 발견한다. 더 중요한 것은 이 재구성은 사도행전이 보여주는 것처럼 "빠른 개종" 패턴을 전제한다는 것이다. 하나님과 하나님 백성의 상호 작용에 대한 이

---

14) 리유(1994:334와 각주 12)는 이것은 단지 남자들에게만 해당된다는 것을 인정한다. 또 리유는 여자 "하나님 경외자들"과 여자 "개종자들" 사이에 어떤 실제적인 표면상의 구별이 있었을지는 명백하지 않다는 것을 인정해야 한다.

해와 그 뒤를 따르는 윤리적 유일신론에 대한 헌신은 바울의 지도 하에 점진적으로 이루어질 수 있었다. 특히 1세기에 그리 많지 않은 유대인들이 살았던 것으로 보이는 지역들에서 그러했다(예를 들어, 빌립보와 데살로니가).

사실은 리유 자신도 이 재구성의 문제점을 인정한다. 그녀는 이 "'회당과의 결합"은 개인의 종교적 필요와 헌신의 측면에서가 아니라 사회적 충성과 지위라는 더 폭넓은 틀에서 해석되어야 한다"고 제안한다(1994:337). 즉 하나님 경외자들은 단순히 경건한 동기를 가졌던 것이 아니라는 말이다. 그들은 많은 사회적 요소들 때문에 유대교 공동체가 구축해 놓은 관계의 네트워크와 관련을 맺고자 했다. 그들은 회당을 후원함으로써 사회적 및 정치적 유익을 얻을 수 있었다. 저 유명한 두 대표적인 하나님 경외자들－이방인 후원자인 아크모니아의 율리아 세베라(*CIJ* 766)와 아프로디시아스의 유대인 자선 단체에 기부한 아홉 명의 시의원들－의 배후에는 십중팔구 이런 유익이 놓여있었다.

리유의 결론에 의하면, 종교적 이유 때문에 유대교에 매료된 일부 이방인들도 있었던 반면에, 다른 많은 이방인들은 유대교가 제공하는 사회적 유익 때문에 매료되었다. 하지만 그들이 그 후에 좋은 그리스도인이 되었는지는, 아니 그리스도인이 되기는 했는지 명백하지 않다. 왜냐하면 최소한 기독교는 초기 단계에서 유대교가 제공하던 사회적 유익을 제공하지 않았기 때문이다. 유대교나 기독교의 지지자가 되는 결정은 신학적 논점에만 한정되지 않았고, 많은 사회적 이슈와도 관련돼 있었다(1994:345).

『누가 하나님의 백성인가?』(*Who Are the People of God?*, 1995)에서 **하워드 클락 키**(Howard Clark Kee)는 다양한 기독교 그룹들을 다 설명

할 수 있는 일련의 초기 기독교 공동체 모델들을 만들어내려는 시도를 한다. 하지만 그가 제시하는 다섯 가지 모델들(지혜자 공동체, 율법 준수 공동체, 하나님이 그의 백성 가운데 거주하시는 공동체, 신비적 참여 공동체, 인종적 및 문화적으로 포괄적인 공동체)은 모두 유대교에서 유래한다. 그는 각 모델을 유대 문서에 근거하여 설명한다. 키의 주장에 의하면, 기독교 그룹들이 더 체계적인 구조와 조직을 갖추기 전까지는 이 각각의 모델이 하나 또는 다수의 기독교 그룹에 의해 사용되었다.

바울 공동체는 "지혜자 공동체"의 패러다임에 부합한다.[15] 이런 공동체는 자신을 특별한 지혜를 받기 위해 하나님에 의해 선택된 존재로 본다. 이 지혜를 탐구함으로써 사람은 불확실한 세상에서 살아갈 수 있다. 이 이슈는 종종 묵시문학을 통해 다루어진다. 유대교의 묵시문학에는 벤 시락서, 솔로몬 지혜서, 다니엘서, 제1에녹서와 제2에녹서, 유빌리서, 제2바룩서, 제4에스라서 등이 포함된다. 키는 초기 기독교 공동체의 저작 중에서 어록자료(Q),[16] 바울의 편지들, 요한계시록, 유다서, 베드로후서가 이 전승을 반영한다고 주장한다.

바울은 강력한 두 배경의 영향 때문에, 즉 바리새인으로 훈련받고 스토아 철학과 중기 플라톤 철학에 노출된 것 때문에 "지혜자 공동체"의 패러다임을 차용한다(1995b:73). 바울의 바리새인 훈련은 성경을 일상생활에 적용하려는 그의 관심을 더 굳건하게 해주었다. 스토아 철학의 영향은 접근 가능한 자연법과 그것을 파악할 수 있는 사람의 능력, 도덕적 책임과 사람의 덕, 사후의 삶에 대한 신념 등에 대한 바울의 생

---

15) 바울 공동체는 또한 포괄적이다. 그러나 이 특성은 바울의 편지들보다는 사도행전에서 더 두드러진다.
16) 어록자료는 마가복음에는 나오지 않고 마태복음과 누가복음에만 나오는 자료이다.

각에서 드러난다. 비록 바울이 그의 고향인 다소에서 스토아 철학을 직접 접했을 가능성을 열어두기는 하더라도 키는 스토아 철학은 처음에는 디아스포라 유대교를 통해 여과되었다고 보는 것이 더 개연성이 있다고 생각한다. 특히 유대교가 주변의 그리스-로마 문화에 많은 영향을 받았기 때문에 그렇다(1995b:73, 참조. 145-57). 그래서 철학 사상이 바울을 이해하는 데에 중요한 배경이더라도, 키는 바울이 세운 공동체는 유대의 사고 및 생활 방식에 훨씬 더 깊이 뿌리를 내리고 있다고 본다. 이것을 우리의 패러다임으로 표현하자면 바울 공동체는 "철학학파"보다는 "회당"과 더 비슷했다.[17]

1995년에 쓴 논문인 "초기교회: 유대교의 내부 이동인가 새로운 종교인가"(The Early Church: Internal Jewish Migration or New Religion)에서 **디터 게오르기**(Dieter Georgi)는 초기 기독교 문서에 나오는 모든 증거에 의하면 기독교는 유대교를 극구 반대하는 별개의 종교가 아니라 1세기 유대교의 분파로 등장한다고 주장한다. 먼저 게오르기는 초기 그리스도인들의 생활에서 그들은 "부활절 경험"을 유대교의 성경 개념을 사용하여 해석했고 유대교와 상반되는 것으로 간주하지 않았다는 것을 보여주기 위해 초기 기독교 문서를 개관한다. 이것은 예수와 스데반과 심지어 바울의 경우에도 해당된다. 유대인들과 유대적인 것에 대한 바울의 논쟁은 유대 전통 내부에서 전개되는 갈등과 대립의 역사라는 좀 더 넓은 관점에서 이해되어야 한다(1995:46). 게오르기는 구약성경의 예언자들, 요세푸스, 쿰란, 랍비들의 자료를 사용하여 이 대립을 충분히 예시해준다.

---

17) 또 Kee(1990:1-24)도 보라. 그는 복음서들에 반영된 기독교 교회들(*ekklēsia*)과 시나고그(*synagōguē*)라는 명칭을 차용하는 신생 랍비 그룹들을 서로 관련시킨다.

모든 증거는 종종 다른 유대교 그룹들과 반목하던 1세기 유대교 내부의 많은 다양한 그룹들을 가리킨다. 심지어 그는 이 그룹들 사이의 상호논쟁은 종종 "신약성경과 유대인들 사이의 논쟁이 부드러워 보이게" 만든다고 한다(1995:46). 1세기의 유대교는 "다채롭고 다원적인 현상"을 띠었기 때문에, 예수 추종자 그룹들의 추가가 "아주 큰 차이를 만들어내지는 못했다"(1995:48). 몇몇 우세한 그룹들이 로마 당국에게 합법성을 인정받기 위해 서로 경쟁하기 시작하고 주류 유대교와 주류 기독교가 된 것은 비로소 1세기 말경에 이르러서였다(1995:65-66).

게오르기는 1세기에 그룹의 다양성을 향해 나아가던 이 경향을 "유대교 안의 내부 이동"이라고 부른다(1995:56). 바울이 교회를 세우는 것도 바로 이런 "내부 이동"으로 이해해야 한다. 게오르기는 바울이 유대교와 갈등을 일으키는 것처럼 보이는 몇몇 주요 주제들을 재검토한다. 바울의 율법 이해(율법은 "상호 신뢰가 실현되는 공동의 미래를 연다," 1995:62)와 무제한적인 하나님 은혜 이해는 둘 다 이미 유대교 안에서 연구되어 왔다. 바울이 다른 유대인 그룹들의 개념을 단순히 복제한 것도 아니지만, 그렇다고 그가 이전에는 들어보지도 못한 "새로운 종류의 경험, 사고, 연설"로 나아간 것도 아니다(1995:63). 따라서 바울은 새로운 종교의 주창자가 아니라 유대교 개혁자였다.

1세기 유대교의 다면적 특성을 강조하는 게오르기의 주장은 강한 설득력이 있다. 의심의 여지없이 많은 유대인 그리스도인들은 실제로 유대교 내부의 "이동"이라는 더 큰 경향의 일부였다. 하지만 두 이슈가 제기된다.

첫 번째 이슈는 그룹의 자기 정체성에 대한 문제이다. 마태 공동체는(그들의 선배들도) 자신들은 "유대교의 보수 진영에" 속하는 것으로 이해하면서(1995:53) 다른 그룹들(더 구체적으로 말하자면, 급진적인 랍비들)

은 그들의 유대 유산을 저버린 것으로 간주했을 것이다. 바꾸어 말하자면 이 논쟁과 관련된 사람들의 입장에서는 "유대교"라는 더 큰 범주 내부에서의 이동이 문제가 아니라, 누가 이스라엘에게 주어진 약속의 적법한 상속자냐는 질문과 관련된 "내부/외부"(inside/outside)가 문제였다. 유대교의 내부 이동이라는 이 포괄적인 이해는 현대 학자들과 특히 기독교-유대교 대화 관련자들에게 더 도움이 되지[18] 우리에게는 이 논쟁에 휘말린 그룹들의 자기 이해에 대해 별로 알려주는 것이 없다.

두 번째 이슈는 첫 번째 이슈와 연관되어 있다. 그러나 특히 바울과 관련이 있다. "부활절 경험"을 바울이 전달해 준대로 받아들인 사람들 가운데 많은 사람들은 유대인이 아니었다. 분명히 일부는 유대인이었다. 그러나 많은 경우에는 한 특정 공동체의 주류조차 유대인이 아니었다(예를 들어, 갈라디아, 빌립보, 데살로니가). 이 경우에 그들은 (자아 정체성을 찾아가는 과정에서) 자신들이 유대인 그룹들과 경쟁하고 있다고 보지 않았을 것이다. 오히려 보편적으로 어떤 다른 그룹들과 경쟁하고 있다고 보았을 것이다. 그래서 바울의 에클레시아(*ekklēsia*) 사용은 게오르기가 허용하는 것보다 더 중요해진다.

게오르기는 바울이 "그리스도인" 또는 "기독교"라는 용어를 단 한 번도 사용하지 않은 것을 지적하면서 바울은 이 용어들을 알지 못했다고 한다(1995:40). 하지만 게오르기도 인정하듯이 바울은 시나고그(*synagōguē*)나 프로슈케(*proseuchē*)도 사용하지 않는다. 게오르기의 제안에 의하면 바울은 지역의 유대인 그룹들과 경쟁하기 위해서가 아니라 오히려 "지역의 극장에 모인 자유 시민 회중"과 경쟁하기 위해 에클

---

18) 나는 결코 이 아주 중요한 대화를 방해하려는 것이 아니다.

레시아(*ekklēsia*)를 사용한다(1995:41). 하지만 그렇게 함으로써 바울 그룹은 그들의 명칭을 종종 도시 기관에서 따온(대부분 갖붙어 경쟁하려는 의도가 아니라 "아첨의 모방"이라는 의미에서) 다른 소규모의 비유대인 단체들("자발적 단체들")과도 경쟁했을 것이다.

게오르기의 논문은 초기 기독교-유대교 대화를 이전에 허용했던 것보다 훨씬 더 큰 준거 체계 안에 배치하는 도구로서 유용하다. 그러나 바울 공동체가 형성된 방식과 그들의 자아 정체성이 발전된 방식을 이해하는 데에는 별 도움이 되지 않는다.

3. 결론

계속되는 문학적 및 고고학적 연구의 출판과 더불어 우리의 유대교 회당 이해의 상당 부분이 도전받고 수정되고 발전되면서 회당을 초기 바울 공동체의 유비로 사용하는 것에 의문이 제기되고 있다. 기독교의 선교 열정이 직접 유대교의 선교 열정에서 유래했다고 결론내리거나 바울이 처음 개종자들을 회당에서 얻는 것으로 기술하는 사도행전의 묘사를 있는 그대로 인정하기는 어렵다. 그럼에도 불구하고 바울 기독교는 1세기 유대교와 많은 관련이 있었다는 명백한 증거가 있고 이것을 연구하면 많은 것을 배울 수 있다. 하지만 우리가 살펴보았듯이 회당을 유비로 사용하는 데에 아무런 문제도 없는 것은 아니다. 이런 이유 때문에 학자들은 다른 모델들을 탐구했고 이제 우리는 이 모델들을 살펴본다.

*What Are They Saying About
the Formation of Pauline Churches?*

제2장

철학학파

1. 바울과 윤리철학자

비록 사도행전에서 두드러지는 바울의 모습은 유대인들의 회당에서 설교하는 것이더라도 바울이 철학자들과 함께 있는 경우도 더러 있다. 사도행전 17:16-34에 의하면 바울은 아덴에 도착해서 몇몇 에피쿠로스 철학자들과 스토아 철학자들을 만났고 그의 "새로운 교훈"을 제시하도록 아레오바고에 초대를 받았다. 사도행전 저자는 아덴인들과 그곳에 사는 외국인들은 오직 새로운 사상을 토론하는 데에 몰두했다고 말한다(17:21). 이 아레오바고는 아마 로마의 자가를 받은 아덴 시민들의 통치 기구였을 것이다(Gill 1994:447을 보라). 그러나 사도행전 저자의 관점에서는, 바울의 청중 가운데는 분명히 스토아 철학자들과 에피쿠로스 철학자들도 포함되어 있었다.

얼마 후에 바울이 에베소에서 사역할 때에, 사도행전 저자는 바울이 회당을 떠나 두란노의 "강의실"(scholē)에서 설교한 것으로 기술한다(행 19:9). 비록 스콜레(scholē)의 정확한 의미가 분명하지 않더라도, 대부분은 이 용어를 철학적 담화를 나누던 장소나 사람들의 모임과 관련시킨다.[1] 사도행전의 그림은 바울을 헬레니즘의 도덕철학자로 묘사하는 것과 거리가 멀다. 그러나 이것이 바울의 편지들의 일부와 조화를 이루지 않는 것은 아니다. 많은 학자들은 그의 편지들에 들어있는 언어에서 당시의 대중적인 도덕철학적 담화를 사용하고 개작하는 그의 자각을 감지했다.

초기 기독교 그룹 이해에 철학학파를 유비로 사용하는 것은 새로운 것이 아니다. 심지어 고대에서도 세네카 같은 세속적인 철학자들의 교훈과 기독교의 교훈 사이의 유사성 때문에 이 철학자들이 그리스도인이라는 주장이 제기되었다(Malherbe 1989c:67-68을 보라). 하지만 좀 더 근래에는 바울의 교훈과 실제 행동의 철학적 배경에 대해 점점 더 많은 주의를 기울여왔다. 우리는 각 철학체계의 미묘한 차이를 다룰 수도 없고, 바울이 철학자들의 언어나 사상이나 전략을 사용하는 것으로 보이는 모든 경우를 다 검토할 수도 없다. 그래서 우리는 바울의 단어들이 그가 교회를 철학학파와 비슷하게 구성했다고 암시해주는 그런 부분들에 집중할 것이다.

바울의 헬레니즘 도덕철학자들의 기법 사용은 **아브라함 말허브**(Abraham J. Malherbe)의 연구에 의해 전면에 드러나게 되었다. 말허브는 바울의 편지들(특히 데살로니가전서)과 견유학파, 스토아학파, 에피쿠

---

1) 자세한 것은 Trebilco 1994:311-12 각주 87을 보라. Malherbe(1983:89-91)는 이것이 조합 회관을 가리키는 것으로 이해하면서, 바울이 자발적 단체 앞에서 이야기했다고 본다.

로스학파 등과 같은 바울 당시의 "대중" 철학자들 사이의 유사성에 초점을 맞추었다.[2] 그의 『초기 기독교의 사회적 측면』(*The Social Aspects of Early Christianity*, 1983)은 1975년에 라이스대학교에서 한 강의를 모은 것이다. 이 강의는 1977년에 처음 출판되었고 뒤이어 1983년에(한 장과 에필로그가 첨가된) 개정판이 출판되었다. 이 강의에서 말허브는 초기 기독교의 사회적–역사적 연구를 중요하게 여겼다. 그는 그런 최초의 현대학자들 중의 하나였다.[3]

데살로니가전서를 검토하면서 말허브는 바울은 처음 세 장에서 권고적 권면과 대조 양식을 사용하는데 이 두 방식은 1세기 도덕철학자들의 저작에 공통적으로 나온다고 한다(1983:23). 바울은 자신의 생활비를 벌기 위해 일했고 데살로니가인들의 영혼을 위해 염려했다고 말한다(살전 2:9; 4:9-12). 이 언급은 그 철학자들이 자신들의 업무를 간주했던 것과 똑같은 방식으로 그가 자신의 데살로니가 사역을 간주했다는 것을 보여준다. 데살로니가인들은 정적주의(quietism)와 사회적 단절의 양상을 취하면서 자신들의 공동체를 에피쿠로스학파의 공동체처럼 조직했을 것이다. 이 맥락에서 4:9-12의 바울의 권면이 보여주는 바에 의하면 바울 자신은 이 전략에 동의하지 않고, 데살로니가인들에게 사회가 그들을 어떻게 생각하는지를 심각하게 여기고 자신들의 생활비를 벌기 위해 부지런히 일함으로써 사회가 그들을 좋게 생각하게

---

2) 우리는 Malherbe의 1983년과 1987년의 저작들에 집중할 것이다. 전자의 연구는 후자의 연구의 토대를 이룬다. Malherbe는 1987년의 저작의 근거를 이루는 몇몇 연구들을 1989년의 저작에 수집해 놓았다(1989b:ix를 보라).
3) 고대에 대한 사회학적 연구는 사회적 사실이나 사회학적 이론에 초점을 맞출 수 있다(Malherbe 1983:20). Malherbe의 초점은 사회적 사실 내지 사회 역사에 맞춰져 있다.

만들라고 호소한다.[4]

그의 1987년의 연구서인 『바울과 데살로니가인들』(Paul and the Thessalonians)에서 말허브는 바울의 선교 전략과 도덕철학자들의 선교 전략을 서로 비교함으로써 바울의 데살로니가 선교 "전략"을 좀 더 조명하려는 시도를 한다. 바울과 도덕철학자들은 둘 다 자신의 절반 정도는 사적인 작업장을 철학적 대담이 이루어지고 공동체가 형성될 수 있는 토론장으로 사용했다(1987:33). 도덕철학자들과 마찬가지로 바울도 자신을 공동체 형성 시에 본받아야 할 이상적인 모델로 제시한다(살전 1:6; Malherbe 1987:52-60). 마지막으로 철학자들이 그들의 제자들을 양육한 것과 마찬가지로 바울도 그의 공동체를—함께 사는 동안에도 떠난 후에도—양육했다(1987:61-94; 1989b:35-48, 67-77). 이 비교들이 바울을 도덕철학자로 만들지는 않지만(1987:108) 그의 실제 행동을 조명해주고 또 이 실제 행동이 도덕철학자들의 실제 행동과 아주 많이 비슷하다는 것을 보여준다. 말허브는 어떤 유형의 고대 공동체가 데살로니가교회에게 최상의 유비를 제공해주는지를 구분하지 않는다. 그러나 철학학파처럼 형성되고, 모양을 갖추고, 양육된 공동체가 대부분 특수한 형태의 고대 그룹처럼 될 것이라는 것은 분명하다.

말허브는 단지 신약성경과 명백한 비교점을 제공하는 철학자들(세네카, 무소니우스 루푸스, 에픽테투스, 디오 크리소스톰 등의 스토아학파의 도덕철학자들, 플루타르크, 루시안)만 연구되어 온 것을 아쉬워한다(Malberbe 1989a:16; 1992:330). 그는 고대 철학학파들을 훨씬 더 광범위하게 조사할 것을 요구한다. 몇몇 학자들이 이 요구에 응했지만 아직도 연구해

---

[4] Malherbe(1983:26)는 실제로 2세기와 그 이후에 이교도 비판가들은 기독교를 에피쿠로스학파와 동등시했다고 지적한다.

야 할 것이 아주 많이 남아 있다.[5]

　그 이전의 다른 학자들과 마찬가지로 말허브도 바울과 대중 철학자들 사이의 가장 명백한 접촉점을 윤리 영역에서 찾는다(1983:48). 대중 도덕철학자들에게서 발견되는 미덕 목록과 악덕 목록, 도덕적 상식 목록은 바울의 편지들과 신약성경의 다른 책들에서도 발견된다(Malherbe 1992:278-330을 보라). 하지만 그는 신약성경의 세계를 이해하기 위해 도덕철학자들을 사용하는 데에 변화가 일어나고 있다고 지적한다. "관심의 대상이 윤리(ethics)에서 정신(ethos)으로 변화되어 왔다"(1992:330). 저지(1960a), 호크(1980), 스토어스(1984) 그리고 자기(1983; 1989) 저작들의 목록을 열거한다. 그리고 그는 아직도 "그리스 윤리의 개인주의에서 초기 그리스도인들의 공동의 관심으로 나아간 긴 발전에 대한 충분한 이해"가 필요하다고 말한다(1992:330). 이제 우리는 몇몇 학자들이 이 공동의 관심을 어떻게 철학학파에 비추어 조사하기 시작했는지를 조사하려고 한다.

2. 철학학파의 특성과 범위

1) 묘사

　분명히 "철학학파들은 그리스-로마 세계에서 중요한 위치를 차지했다"(Wilken 1971:272). 일반적인 헬레니즘 철학과 마찬가지로 이 학

---

[5] Stowers 1988; Aune 1991; Guerra 1995; Glad 1995를 보라. 이 학자들은 다 아래에서 논의된다. 또 Engberg-Pedersen 1995와 Fitzgerald 1996에 들어 있는 에세이들도 보라.

파들은 "사상"(ideas)에 관심을 갖는 만큼 사람이 어떻게 윤리적인 삶을 사느냐에도 관심을 가졌다. 많은 논의의 초점은 선하게 되는 것에 맞춰졌다. 이것의 궁극적인 목표는 사람의 유다이모니아(*eudaimonia*)였다. 이 용어는 "행복" 또는 "기쁨" 또는 "사람의 번영" 등으로 다양하게 번역된다. 철학자들은 노상 설교, 공식 강의, 편지, 에세이, 논문, 명상 등과 같은 다양한 수단을 사용하여 사람의 삶의 목표(텔로스⟨*telos*⟩)와 이 목표를 성취하는 방법에 대한 자신들의 이해를 전했다. 기독교는 고결한 삶을 사는 방법을 전하는 데에 관심을 갖고 있었다는 점에서 기독교 자체가 사실상 하나의 "철학"이었다(Wilken 1984:79). 우리의 논의에서 결정적인 것은 기독교 그룹이, 특히 바울이 만든 그룹이 헬레니즘의 철학학파처럼 조직되었는지 그렇지 않은지의 여부이다.[6]

철학학파(schools)가 항상 물리적인 장소였던 것은 아니다. 이것을 현대인들이 교회라고 부르는 것(즉 건물)과 동등한 것으로 간주하면 안 된다. 단순하게 "학파"는 동일한 생활 방식을 취하거나 특정 창설자를 따르는 많은 사람들을 가리킬 것이다. 하지만 몇몇 철학학파는 같은 생각을 가진 남녀 공동체를 형성했다. 다양한 학파들은 오늘날의 많은 사람들에게는 종교가 제공해주는 세계관과 실제적인 삶의 안내를 제공해주었다(Ferguson 1987:255).

초기 학파들 중의 하나가 아덴의 플라톤학파였다. 플라톤은 일단의 제자들을 조직해서 뮤즈 신들을 숭배하는 단체를 만들었다. 이 단체와 이들이 모였던 건물은 아카데미(the Academy)로 알려지게 되었다. 다

---

6) 헬레니즘 철학 일반과 신약성경 저작 사이의 평행을 다룬 글들이 많이 나왔다. 이 모든 자료를 개관하는 것은 우리의 좁은 초점을 넘어서는 일이다. Malherbe 1989나 1992:271-78에서 시작하는 것이 좋을 것이다. Brill 출판사가 출판하고 있는 *Studia ad Corpus Hellenisticum Novi Testamenti*에 들어있는 책들은 아주 유익한 자료이다.

른 철학학파들에는 아리스토텔레스의 리케움(Lyceum), 스토아학파의 포이킬레(Poikile), 에피쿠로스의 정원(Garden) 등도 포함되어 있었다. 이 학파들은 모두 아덴에 있었다.

　1세기 말 쯤에는 단지 두 철학학파만이 입회한 제자들로 구성되는 배타적인 조직으로 발전된 것으로 보인다. 바로 피타고라스학파와 에피쿠로스학파이다(Meeks 1983:83; Goodman 1994:34). 피타고라스는 남부 이탈리아의 크로톤에 철학학파를 세웠다. 이 학파의 특징은 물품 공동 소유, 음식 및 의복 제한, 일상 섭생이었다(Meeks 1983:83). 주전 4세기에 아덴의 정원에서 "학파"로 형성된 에피쿠로스학파는 자신들은 범위가 정해진 공동체의 구성원이라고 했다. 그들은 흩어져있는 형제들의 정통 신념을 에피쿠로스에 대한 맹세로써 확실하게 하고, 그의 상을 숭배하게 하고, 신념의 일관성을 유지하기 위해 서로 편지를 [쓰게] 할 수 있었던 철학적 형제애의 이상을 보존했다(Goodman 1994:34).

　다른 철학들은 신피타고라스학파나 에피쿠로스학파처럼 범위가 정해지고 물리적인 장소를 점유하는 그룹이라는 의미의 "학파들"이 되지는 않은 것으로 보인다. 하지만 실제로 많은 "사상학파들"이 있었고, 어떤 특정 철학 체계를 실행하는 사람은 그/그녀의 특수한 옷차림(견유학파 사람들이 그랬듯이)이나 선포되는 메시지의 스타일 내지 내용에 의해 쉽게 구별될 수 있었다. 그/그녀는 종종 학생들을 특정 장소에 모이게 하고 그래서 "학파"를 이루었을 것이다. 어떤 철학자 스승은 학생들을 시장, 체육관, 스토아 같은 공공장소에 모이게 하고 그래서 그들의 교훈을 좀 더 많은 대중에게 개방했을 것이다(Stowers 1988:81). 바울과 그의 공동체는 바로 이 보다 넓은 틀 안에서 이해되어 왔다.

초기 기독교 공동체의 도덕 세계는 **웨인 믹스**(Wayne A. Meeks, 『초기 그리스도인들의 도덕 세계』[The Moral World of the First Christians], 1986)에 의해 잘 묘사되었다. 그는 기독교 공동체 형성을 이해하는 데에 필요한 맥락을 제공하려고 한다. 그는 다양한 그룹들이 그들 자신들과, 그들의 세계와, 그들의 세계와의 관계를 어떻게 이해했는지를 조사한다. 그러면서 그는 역사가가 직면하는 주요 문제를 극복하려는 시도를 한다. 즉 부요한 소수를 제외한 모든 사람들에 대한 증거가 부족하다는 문제를 극복하려고 한다. 개인의 선택은 여전히 개인이 그 사회에서 감당하던 전통적인 역할이라는 맥락에서 이루어졌다. 그래서 무엇이 공정한가, 무엇이 기대되는가, 무엇이 명예로운가 등에 대한 한 사람의 생각은 그 사람이 그 사회 계층 구조에서 차지하는 위치에 의해 결정되었다.

믹스의 주안점은 그리스와 로마의 "위대한 전통들"이다. 그는 몇몇 철학학파들의 "세계주의"뿐만 아니라 후기 헬레니즘 윤리학의 "점증하는 개인주의"도 조사한다. 종종 "학파"는 영혼의 도덕 형성에 관심이 있는("윤리학") 한 교사와 그의 학생들에 지나지 않았다. 믹스는 다수의 예를 다양한 학파들의 실례로 고찰한다. 플루타르크(주후 1세기 내지 2세기 초에 살았던 중기 플라톤주의 대표자), 무소니우스 루푸스(주후 1세기 중후반의 스토아 철학자), 견유학파, 에피쿠로스학파 등이 여기에 포함된다. 철학의 목표는 잘 만들어진 삶이라는 사상이 이 "학파들" 모두에 공통적이다. 윤리학은 올바르게 살아가는 기술이고 배워야만 하는 것이다. 합리적인 삶—그래서 행복한 삶—은 자연과 일치되게 사는 삶이다. 여기서 감정은 신뢰 받지 못한다(Meeks 1986:60).

그 후에 믹스는 이스라엘의 "위대한 전통들"로 살펴본다. 그는 시락서의 지혜, 쿰란, 필로, 미쉬나 등 소수의 대표적인 목소리를 고찰한다. 이 모두에 공통적인 것은 역사가 도덕을 가르치고 이스라엘은 (주변 민족들과 분리된, 구별된) 하나님의 백성으로 남아있고 성경은 유대인들의 윤리 담화에서 구성적인 역할을 감당하고 율법은 중요하다는 생각이다. 이 자료에는 율법에 대한 두 "견해"가 있다. 하나는 토라가 우주의 주요 구조(실재적인 모든 것)를 구성한다는 것이고(벤 시라, 필로) 다른 하나는 특수한 계명들이 유대인들에게 그들은 언약의 자녀라는 신호를 준다는 것이다(쿰란, 필로).

그 후에 믹스는 이 묘사된 사회 세계 안에서 표현된 기독교의 가치와 신념을 검토한다. 그는 기독교 운동은 그 지역의 주류 문화의 "위대한 전통들"과 관련하여 자신을 긍정적으로 규정하기도 하고 동시에 부정적으로 규정하기도 했다고 한다. 초기 기독교 공동체는 그들이 더 광범위한 제국 내에서 가지고 있던 배경과 지위에 의해 영향을 받았다. 그들의 지위는 그들이 무엇을 할 수 있는지(가능성)와 그들이 무엇을 해야 한다고 인식하는지(의무감)에 영향을 주었다(Meeks 1986:38을 참조).

끝으로 믹스는 청중의 생각과 행동 둘 다에 영향을 주려고 애를 쓰는 많은 초기 기독교 문서(데살로니가전서, 고린도전서, 마태복음, 요한계시록, 디다케, 이레니우스)를 살펴본다(Meeks 1986:125). 데살로니가전서에서 바울이 말하는 도덕적 기대는 그리스-로마 사회에서 광범위하게 받아들여진 기대와 아주 비슷하다. 그렇지만 거룩에 대한 그의 관심이 기독교 공동체는 주류 사회로부터 분리되고 구별되어야 한다고 강조하게 한다(Meeks 1986:129). 고린도전서는 초기 기독교에서는 규정들

(예를 들어, 우상 제물 및 간음과 관련된 규정들)이 사도행전 15장에서 드러나는 것처럼 그렇게 분명하게 제시되지는 않았다는 사실을 보여준다(1986:133). 우상 제물과 관련된 바울의 타협은 서로 다른 지위를 소유하고 있는 고린도교회 사람들 사이의 긴장을 반영한다(1986:135).

믹스는 다양한 철학들이 어떻게 초기 기독교에, 특히 도덕 교육의 영역에 영향을 주었는지를 보여주기 위해 많은 작업을 했다(1986:114-19; 1993:66-90, 102-4). 그런데도 불구하고 믹스는 철학학파를 바울 공동체 형성의 유비로서는 배제시킨다. 그의 제안에 의하면 에피쿠로스 그룹과 피타고라스 그룹은 둘 다 변경된 가정이나 자발적 단체의 형태를 취하면서도(1983:84)[7] 이외에는 철학학파와 공유하는 것이 거의 없다는 점에서 바울 공동체와 비슷하다. 바울 그룹의 강한 학자적, 학문적, 수사학적 요소는 이 그룹의 일차적인 특징에 더해진 부가적인 것이다. 결국 믹스는 초기 기독교 그룹의 최상의 유비로 회당을 선호하는 것 같다(제1장을 보라). 그럼에도 불구하고 그의 저작들은 헬레니즘 도덕철학자들의 세계에 대해 견고하고 읽기 쉬운 통찰을 제공해준다.

2) 전파

그의 책 『개종』(*Conversion*, 1933)에서 **노크**(A. D. Nock)는 무엇이 기독교를 고대의 남녀들에게 그렇게 매력적인 것으로 만들어서 그들이 이전의 예배 형태를 버리고 이 새로운 종교에 "전적으로" 소속되

---

7) Meeks 1983:83을 참조하라. Meeks는 Marrou(1955:34)를 인용한다. Marrou는 철학학파들이 문화의 여신에게 헌신하는 한 자발적 단체(티아소스⟨*thiasos*⟩)를 따라 조직되었을 수 있다고 말한다. 단체들에 대한 더 많은 정보를 위해서는 제4장을 보라.

기를 원하게 되었는지를 결정하려는 시도를 한다. 노크의 제안에 의하면, 유대교와 기독교에서 "개종"이라고 이해하는 것과 유사한 것을 그 안에서 찾아볼 수 있는 유일한 유비 그룹은 철학 운동 안에 들어 있다. 철학은 더 높은 삶과 더 낮은 삶이 있다고 생각했고 철학 그룹들은 사람들을[8] 더 낮은 삶에서 더 높은 삶으로 전환시키려는 시도를 했다(1933:14). 헬레니즘 시대에 그 그룹들의 핵심 관심은 일차적으로 윤리적인 것이었다(1933:114).

노크는 많은 철학학파들을 다룬다. 피타고라스학파는 주전 6세기에 잘 가다듬어진 교리와 실행을 갖춘 금욕적인 단체를 만들었고, 사람들은 예비 훈련 시기를 거친 후에 이 단체에 가입했다(1933:165). 플라톤은 주전 4세기에 아카데미를 만들었고, 그럼으로써 소크라테스의 전통에 영구적인 지위를 부여했다. 또 노크는 스토아학파, 에피쿠로스학파, 견유학파도 다루었다. 이런 학파들은 여러 가지 이유 때문에 헬레니즘 시대에 중요한 자리를 차지하고 있었다.

첫째, 그들은 자연 및 정치 현상에 대한 설명을 제공했다.

둘째, 그들은 명확하게 짜진 삶의 방식을 제공했다.

셋째, 철학은 다른 사람들이 뒤따르는 "이상형"이 되는 사람들을 배출했다.

넷째, 사람들은 진짜 철학자가 자신의 신념을 공개적으로 자세하게 설명하는 것을 들을 수 있었다.

한 철학학파의 교훈과 실행에 동의하는 것은 일종의 "개종"(conversion)에 가까워졌다. 이 모든 측면에서 노크는 기독교에서도 병행

---

[8] 고대 철학자들은 주로 사람들의 삶에 관심을 가졌다. 비록 견유철학자 Hypparchia, 에피쿠로스학파의 정원 같은 몇몇 예외적인 경우들이 있지만 말이다.

을 찾아낸다. 그래서 그에 의하면 기독교는 전체적으로 철학과 아주 비슷하고, 기독교 그룹들은 철학학파들과 아주 비슷했다(1933:211, 219를 참조).[9]

노크와는 반대로 **마틴 굳맨**(Martin Goodman)은 철학 사상을 로마 제국에 두루 퍼뜨린 보편적인 개종 선교 같은 것이 있었다는 것에 대해 회의적이다(1994:32-37).[10] 그의 주장에 의하면 대부분의 주요 사상 학파의 철학자들이 다른 사람들의 생활과 태도를 변화시키려고 했던 것은 분명한 반면에 그들이 일반 대중을 자신들의 그룹에 합류시키려고 했다는 증거는 거의 없다. "그들의 목표는 범위로는 우주적이었으나, 그들의 선교는 개종시키는 것이라기보다는 교육시키는 것이었다"(1994:37). 하지만 굳맨의 일차적인 관심사는 철학학파가 아니다. 그 명예는 회당이 차지하고(제1장을 보라) 그의 분석은 좀 더 연구할 필요가 있다. 비록 철학학파에는 "보편적인 개종 선교"가 없었다는 그의 주장이 옳더라도 몇몇 철학자들이 사람들의 삶에 변화를 야기하기 위해 사용한 접근방식은 바울의 "선교"를 이해하는 데에 유익한 것으로 판명되었다.

그의 1978년의 논문 "바울의 천막 제조와 그의 사회 계층 문제"(Paul"s Tentmaking and the Problem of His Social Class)에서 **로날드 호크**(Ronald F. Hock)는 천막제조업자 바울에게 초점을 맞춘다. 바울

---

9) 또 Nock는 설교가 들어있는 회당 예배는 외부 사람들에게 신전보다는 철학학파를 상기시켰을 것이라고 말한다(Nock 1933:62). 이 결론이 반드시 바울을 독특한 유형의 도덕 철학자로 만드는 것은 아니다. Nock가 다른 데서 이야기하듯이 바울은 스토아 철학자가 아니다. 기껏해야 그는 스토아 사상에 대한 지식을 보여줄 뿐이다. 그러나 그는 이 사상에 반대하지도 않고, 이 사상을 스토아 철학 자체를 반대하는 데에 사용하지도 않는다(Nock 1972a:126).

10) 또 그는 1세기 회당에 보편적인 개종 선교가 존재했었느냐는 물음에 대해 회의적이다. 제1장을 보라.

이 상인으로서 일했다는 것을 보여주는 두 중요한 구절은 고린도전서 4:12("직접 우리의 손으로 일을 했다")과 데살로니가전서 2:9("형제들아, 너희가 우리의 노동과 수고를 기억하기 때문이다. 우리는 밤낮으로 일했다")이다. 하지만 호크는 바울이 장사를 했다는 것을 보여주기 위해 다른 두 구절도 살펴본다. 바로 고린도전서 9:19과 고린도후서 11:7이다. 첫 번째 구절에서, 바울은 자기는 복음을 공짜로 선포했기 때문에 다른 사람들로부터 자유롭다고 주장한다. 하지만 그렇게 하기 위해서 그는 장사를 했다("종이 되었다"). 하지만 그가 가게(workshop)에서 일한 결과, 그는 자신의 지위를 상실하게 되었다. 그는 그곳에서 일하면서 개종자들을 얻기 위해 이 손실을 감내할 가치가 있는 것으로 여겼다. 두 번째 구절에서, 바울의 언어가 암시하는 바에 의하면, 그는 장사 활동을 비천한 것으로 여겼다. 두 구절은 모두 바울은 장사 활동을 "비굴하고 비천한 것"으로 여기던 사회 계층, 즉 지방 귀족 계층 출신이었다고 암시한다(1978:562).[11]

그 다음 해에 출판한 논문인 "가게—바울의 선교 설교가 이루어진 사회적 무대"(The Workshop as a Social Setting for Paul"s Missionary Preaching, 1979)에서 호크가 주장하는 바에 의하면, 바울은 가게를 선교 설교를 하는 무대로 사용했다. 이렇게 하는 점에서, 바울은 당시의 몇몇 철학교사들과 보조를 맞추었다(1979:438; 참조. 1980:37-41). 바울의 편지들과 사도행전 둘 다의 증거에 의지하여, 호크는 바울이 가게에서 설교하고 가르치는 데에 많은 시간—최소한 회당과 가정에서 보낸 만큼의

---

11) Hock는 바울이 장사를 한 것은 토라 공부와 장사 활동을 결합시킨 랍비 관습의 결과였다는 문제 있는 주장을 거부한다(1978:557; 참조. 1980:66). 그런 관습은 주후 2세기 중반 이전에 확립되기 어려웠다.

시간—을 보냈다고 강력하게 주장한다. 그 후에 호크는 바울 이전의 철학자들을 조사한다. 소크라테스는 구두제조업자 시몬과 시몬의 가게에서 대화를 나누었다고 한다. 또 전승에 의하면, 소크라테스는 아주 다양한 가게와(Xenophon, *Memorabilia Socratis* 4.2.1.-39; 3.10.1-15) 시장에서(Plato, *Apologia* 17C) 많은 시간을 보냈다고 한다. 이런 방식으로, 철학적 담화는 공개적이고 대중적으로 유지되었다. 그러나 플라톤과 안티스테네스가 김나지움(gymnasium)에서 가르치기로 결정했을 때 이 현상은 약화되었다.

그들의 가르침이 모든 시대에 공개적이고 대중적으로 유지되었던 철학자 그룹은 견유학파이다. 비록 몇몇 전승이 그들을 다양한 장인들의 가게와 관련시키더라도 그들은 담화의 장소로 시장을 선택했다(Hock 1979:446). 실제로 견유학파는 노동을 반대하지 않았다. 전승에 의하면 구두제조업자 시몬은 이상적인 견유학파 철학자가 되었고, 그의 노동은 "자족"을 제공해주고, 그의 가게는 철학적 담화의 장소를 제공해주었다.

그런 후에 호크는 바울이 (견유학파 설교자들의 전통에서) 그의 시간을 가게에서 일도 하고 설교/교육도 하는 데에 사용했을 것이라고 제안한다. 그래서 그는 생계도 유지하고 선교 활동도 수행할 수 있었다(살전 2:9을 인용). 그의 청중은 동료, 손님, 아마도 (최근에 등장한 "천막제조업자—철학자"에 대한 소문을 들은) 호기심 있는 구경꾼 등으로 구성되었을 것이다. 호크의 제안에 의하면 이 그룹 중에서 좀 더 호기심 있는 사람들이 개별적인 교훈을 받기 위해 돌아왔을 것이고(살전 2:11-12) 종국에는 기독교로 개종했을 것이다(살전 2:13).

그의 책 『바울 사역의 사회적 상황』(The Social Context of Paul"s Ministry, 1980)에서 호크는 이 두 논문의 결론을 지지하는 보다 완전한 증거를 제시한다. 그의 제안에 의하면 바울은 장사에 개진하기로 선택한 귀족이었고 설교하고, 가르치고, 제자들을 만들기 위해 가게를 효과적으로 사용했다. 이 책에서 그는 기능공 선교사의 삶을 (많은 고난도 포함시켜서) 잘 묘사한다(1980:26-37).

호크는 바울이 기능공 철학자로서 그 당시의 지적 환경과 어떻게 관련돼 있었는지를 보여준다. 그렇지만 호크는 이 유형의 선교 설교로부터 어떤 종류의 공동체가 형성되었을 것인지(철학학파일까 아니면 노동자 조합일까?)를 이 논문들에서도 이 책에서도 기술하지 않는다. 만약 모든 개종자들이 동료 상인들과 그들의 가족들이었다면, 우리는 기독교 공동체가 동업자 단체처럼 형성되었다고 생각할 수 있을 것이다(제4장을 보라). 하지만 만약 기독교 공동체가 혼합 그룹이었다면 철학학파와 더 유사했을 것이다.[12]

3) 모델로서의 철학학파

그의 1971년의 논문 "콜레기아, 철학학파, 신학"(Collegia, Philosophical Schools and Theology)에서 **로버트 윌켄**(Robert Wilken)은 기독교를 하나의 철학학파로 정의하는 견해의 기원을 저스틴(주후 165년경에 사망)까지 추적해 올라간다. 하지만 "그의 동시대인들 거의 모두와 그

---

[12] 우리는 아래에서 이 논의로 되돌아올 것이다. 지금으로서는 최소한 데살로니가에서는 교회가 동업 조합처럼 형성되었다고 말하는 것으로 충분하다(살전 4:9-12을 보라; Kloppenborg 1993b:274-77을 참조하라).

의 선임자들 모두는 그런 기독교 이해에 전혀 편안해하지 않았을 것이다"(1971:274). 이 정의는 갈렌(주후 130년경에 출생)의 저작에서도 발견된다. 갈렌의 관점에서 보면 기독교는 비록 "이류 내지 삼류"이더라도 하나의 철학학파였다(1971:277). 갈렌은 그리스도인들의 교훈에 동의하지는 않았지만 기독교를 다른 철학학파들과 동등하게 존중했다(1984:73). 그럼에도 불구하고 기독교 그룹에게 "철학학파"라는 명칭을 부여한 사람은 거의 갈렌 혼자뿐이었다. 대부분의 사람들은 기독교 그룹을 철학학파로 보지 않았다.

윌켄이 주장하는 것은 기독교 그룹이 철학학파처럼 조직되었다는 것이 아니다. 그가 말하려는 것은 2세기의 그리스도인 해설가들(순교자 저스틴; 사르디스의 주교 멜리토)과 비그리스도인 해설가들(갈렌)은 둘 다 기독교 그룹이라는 현상을 설명하기 위해 철학학파를 모델로 사용했다는 것이다. 이것이 말해주는 것은 그 주장의 참 또는 거짓이 아니라 이 유비가 어떤 고대 사람들에게는 최소한 유용했다는 것이다. 그럼에도 불구하고, 윌켄은 나중에 한 논문에서 기독교 그룹은 또한 자발적 단체로도 간주되었기 때문에(제4장을 보라) 사실은 철학학파와 자발적 단체의 결합체였다고 제안하면서 이 주장을 다소 변경한다.

바울이 철학학파를 형성했다고 직접적으로 주장하는 학자들은 실제로 거의 없다. 이 소수 중의 하나가 **한스 콘첼만**(Hans Conzelman, 1966:307, 315 각주 95; 1965:233)이다. 그는 바울이 (아볼로와 함께) 기독교 확장을 위해 다른 사람들을 훈련시키는 "신학 교수진"을 구비한 철학학파를 창설하여 운영했다고 제안한다. 그의 제안에 의하면 이 학파는 에베소에 있었고(행 19:9을 참조), 바울이 죽은 후에도 유지되었고, 나중에는 (골로새서와 에베소서 같은) 자신의 저작을 저술하였다. 하지만 콘첼만은 이 학파나 동시대적 유비들의 구성을 보여주는 증거를 거의 제시하지 않았고(Meeks 1983:82) 따라서 호의적으로 수용되지 못했다. 그럼에도 불구하고 다수의 학자들은 바울이 철학자의 전략과 언어를 사용했다고 주장한다. 어떤 경우에는 이것이 바울은 기독교를 철학학파—단지 또 하나의 철학학파가 아니라 도덕철학자들의 목표와 목적이 그리스도 안에서 성취되는 바로 그 학파—로 간주했다고 추정하게 만들기까지 한다.

그의 책 『1세기 기독교 그룹의 사회 패턴』(*The Social Pattern of Christian Groups in the First Century*, 1960)에서 **저지**(E. A. Judge)는 바울 그룹을 이해하는 최상의 유비로서 처음에는 자발적 단체(제4장을 보라)를 지지하는 것으로 보인다. 하지만 그는 이내 철학학파를 지지하는 쪽으로 (다른 가능성을 완전히 거부하지는 않은 채) 이동하는 것으로 보인다. 같은 해에 출판한 다른 연구에서 저지는 바울과 그의 추종자들이 지역 그룹을 학교 공동체로 조직한 "소피스트들"이었다고 제안한다. 이 학교 공동체는 "지적 선교"를 추구했고 종종 "토론 사회"와 유사했다(Judge 1960a; Meeks 1983:82). 하지만 저지는 이 모델만으로는 이 공동체가 어떻게 형성되고 조직되었는지를 충분히 설명할 수 없다는 것을 인정한다. 왜냐하면 이것은 그 당시의 다른 소피스트들에게는 비전형적인 것이었기 때문이다(Judge 1960a:135). 둘 다 말과 교훈을 선호한다는 점에서, 바울은 철학 설교자들과 비슷하다. 바울은 공공장소(사도행전을 참조)나 집으로 초대를 받는 "소피스트"나 유랑 강사였다. 바울도 윤리적 이슈에 관심이 있었다.

그 이후의 저작에서 저지는 바울이 각 도시에서 회당에서 물러났을 때에 그의 활동은 틀림없이 몇몇 인정된 사회 관습이나 기관의 후원 하에 이루어졌을 것이라고 제안한다(Judge 1972:32). 바울이 행동과 생각에 대한 강력한 대화와 논쟁을 보여주고 있기 때문에, 저지는 철학이(아마 소피스트 운동도) 바울 사역의 사회적 배경으로 간주될 수 있다고 제안한다. 하지만 그는 스토아학파-견유학파의 디아트리베(diatribe)가 바울을 이해하는 데에 유효한 배경이라는 것은 거부한다. 바울은 그의 편지 기법에서 디아트리베와 유사한 점을 몇 가지 갖고 있다. 그러나 이것은 공동의 환경을 공유하는 사람들에게서 기대할 수 있는 것에 지나지 않는다. 디아트리베는 다음과 같이 말한다.

> 평범한 것을 다루고, 기존의 표현에 대항하는 문학적 창작으로서 전달된다. 이것은 실제적인 사람, 상황, 논란이 되는 생각과의 관련이 매우 적다. 그런데 바로 이 관련이 바울의 독특한 점이다(1972:33).

바울의 저작은 "정규적인 사상 체계"라기보다는 오히려 종종 "공동체의 사려 깊은 사람들 가운데서 발전되는" 삶의 보편 원칙들의 느슨한 결합체를 보여준다(1972:33). 이것은 비록 바울의 그룹이 철학학파들에서 나왔더라도 그가 잘 훈련된 철학학파를 운영한 것은 아니라는 암시를 준다(1972:33).

저지가 "스토아학파-견유학파"의 디아트리베는 바울의 배경이 아니라고 거부하는 것은 **루돌프 불트만**(Rudolf Bultmann, 1910)에게로 소급된다. 불트만은 바울의 설교 유형을 견유학파-스토아학파의 디아트리베와 비교한 최초의 학자들 중의 하나였다. 하지만 그의 강조점은 바울(과 철학자들)의 대중적인 구두 설교에 있었지, 그 결과로 세워진 공동체에 있지 않았다.[13] 불트만(과 다른 사람들)의 관점에서 보면 디아트리베는 거리에 있는 보통 사람에게 관심을 유발하고 그를 설득하기 위해 다양한 종류의 대화적 및 수사학적 기법을 사용하는 대중 선전의 한 형태였다(Stowers 1981:175). 유랑하는 견유학파와 스토아학파 철학자들이 자신의 메시지를 널리 퍼뜨리기 위해 이 디아트리베를 사용했다.

하지만 좀 더 근래에 **스탠리 스토어스**(Stanley K. Stowers, 1981; 1988)는 "견유학파—스토아학파"의 디아트리베에 대한 이전의 개념은 적절하지 않다고 주장했다. 그 대신에 "디아트리베"라는 명칭은 학파의 교육 활동, 이 활동을 흉내 내는 문학적 모방, 또는 학파의 디아트리베에 전형적인 수사학적 및 교육학적 유형을 활용하는 저작에 사용되어야 한다(Stowers 1988:73; 참조. 1981:76). 바울의 디아트리베 사용은 그가 철학학파의 상황과 비슷한 교사-학생 관계를 맺었다는 것을 시시해준다.[14] 바울의 디아트리베 사용은 그가 그 당시의 대중 철학자들의 담화 방식에 친숙했다는 것을 보여 줄 뿐만 아니라, 그가 철학학파의 교사—학생 관계를 모델로 삼아 그의 공동체를 세우려고 시도했다는 것을 시사해준다.

로마서는 바울이 개종자들을 만들기 위해서가 아니라 이미 그의 삶의 방식에 헌신한 사람들을 가르치기 위해서 설교하는 방식을 보여준다. 실제로 스토어스는 바울의 동역자들(특히 로마서 16장에 언급된 사람

---

13) 스토아 철학이 바울에게 준 영향에 대한 더 많은 정보를 위해서는 Bultmann 1956:185-85을 보라.
14) Aune의 지적에 의하면(1991:283), 몇몇 철학자들의 경우에는 철학학파가 디아트리베를 사용하는 적당한 장소였던 반면에(Epictetus, Musonius Rufus) 대규모 개종을 목적으로 훨씬 더 많은 청중을 겨냥하는 다른 철학자들에게는 그렇지 않았다(Maximus of Tyre, Plutarch, Dio Chrysostom).

들)이 전에는 그의 "학생들"이었다고 말한다. 로마에 있는 사람들이 "교사 바울을 위해 로마 교회에게 좀 더 개인적인 소개"를 해주었을 것이다(1981:183). 실제로 바울은 로마서를 기록할 때에 그가 로마에 도착하여 만들 학파를 소개하고 그들을 준비시키기 위해 디아트리베 방식을 사용한다.

데이비드 앤(David E. Aune)은 바울의 로마서가 로고스 프로트레프티코스(*logos protreptikos*)라고 주장한다(1991). 철학자들은 사람들을 자신의 삶의 방식으로 끌어들이기 위해 이 강의 또는 "권면의 연설" 유형을 사용했다. 로고스 프로트레프티코스(*logos protreptikos*)의 주요 무대는 철학학파였다. 따라서 만약 바울이 이 그리스-로마 철학 논증 형태를 사용하고 있다면, 그것은 그가 기독교는 철학학파와 아주 비슷하다는 이해를 갖고 그렇게 하였고 또 그 자신을 주요 철학자들 중의 하나로 여겼다는 것을 암시한다(Aune 1991:279).[15] 분명히 이것이 앤의 논문 전체에서 주는 함의이다(특히 1991:286-87을 보라).

로고스 프로트레프티코스는 많은 철학자들이 자신의 특유한 삶의 방식으로 개종하라고 청자를 격려하기 위해 사용한 구전 또는 문학 장르였다. 이 장르에는 청중의 현재 신념과 행위에 대한 강한 만류나 비판이 포함되어 있었고 특정 철학의 가치와 유익에 대한 긍정적인 논증이 그 뒤를 따랐다. 종종 개인적인 호소가 논증을 마무리하기도 했다. 이 철학 선전 유형의 예들이 고대 이래로 많이 남아있다. 앤은 그 중의 일부를 요약한다. 가장 흥미로운 예들 중의 하나가 2세기의 풍자가 루시안의 예이다. 그는 이 장르를 네 가지 개종 실례에서 사용한다.

---

15) 다른 곳에서 Aune은 학자들을 대신하여 바울의 철학 개념과 언어 사용에 대한 위대한 자각을 지지하는 주장을 했다. 예를 들어, Aune 1995를 보라.

그는 이 로고스 프로트레프티코스를 한 번은 자신의 개종으로 끝나는 대화에서 사용한다(*Nigrinus*). 반면에 나머지 세 대화는 로고이 프로트레프티코이(*logoi protreptikoi*)의 풍자이다(*Hermotimus*, *De parasito*, *De saltatione*).

로마서를 다루기 시작하면서 앤은 로마서에 적합한 일반 명칭에 대해 학자들 사이에 이루어진 동의는 거의 아무 것도 없다고 지적한다. 앤은 로마서의 중심 단락(1:16-15:13)은 편지의 틀(1:1-15과 15:14-16:27) 안에 배치된 로고스 프로트레프티코스라고 제안한다. 이 재료의 특성은 바울이 "이 재료를 몇 년에 걸쳐 작업하고 또 재작업했다"는 암시를 준다(1991:290). 실제로 이 재료는 바울이 구두 교훈과 설교에서 사용하고 발전시킨 많은 개별적인 로고이 프로트레프티코이를 보여준다(1991:296). 바울은 "로마서의 현재의 맥락에 놓여 있는 비교적 일관성 있는 로고스 프로트레프티코스를 만들기 위해" 이것들을 함께 묶었다(1991:296). 네 주요 단락 중의 세 단락은 바울이 토통의 근거 위에서 대화하는 다양한 그룹들과 논쟁한다. 즉 이방인들(1 18-2:11), 유대인들(2:12-4:25), 그리스도인들(5:1-8:39)이다. 이 로고이 프로트레프티코이를 열거하면서 바울은 로마 그리스도인들에게 단지 그가 다양한 환경에서 복음을 어떻게 제시하는지를 보여줄 뿐만 아니라 그의 복음도 제시한다. 왜냐하면 바울은 로마 회중을 결코 방문한 적이 없기 때문이다. 불행하게도 로마서 9-11장은 이 장르에 잘 어울리지 않는다. 그러나 앤의 제안에 의하면 이 부분은 구약성경을 주해하면서 유대인들의 불신앙 문제를 다루는 일탈로 작용한다. 이 부분은 로고스 프로트레프티코스가 아니고 바울이 또 다른 헬레니즘 학파의 특성을, 즉 권위 있는 본문의 주해를 사용하는 것을 보여준다. 로마서 12:1–15:13에 나오는 도덕 행위의 예들은 로마서라는 더 큰 로고스 프로트레프티코스의 결론적인 권면 단락을 이룬다.

앤의 연구는 **앤서니 구에라**(Anthony J. Guerra)의 더 최근의 연구인 『로마서와 변증 전통』(Romans and the Apologetic Tradition, 1995)에서 지지를 받았다. 구에라의 주장에 의하면, 바울은 로마서를 많은 이유 때문에 권고 편지(protreptic letter)로 썼다.

첫째, 그는 이방인들에게 그의 율법에서 자유로운 복음을 가르치고 유대인 그리스도인들이 제기하는 반대를 다루려고 시도한다. 그와 동시에 그는 스페인 여행을 위해 후원을 받기를 기대한다.

둘째, 바울은 로마 공동체 내의 유대인 당파와 이방인 당파 사이를 중재하려고 시도한다. 그래서 이전에 유대인들의 추방으로 이어졌던 (주후 49년) 대중의 소란을 피하고 있다.

구에라는 로마서의 각 주요 단락이 로고스 프로트레프티코스 내에서 어떻게 기능하는지를 보여주려고 시도한다. 로마서 1:18-3:31(과 로마서 14-15장)은 이방인들의 완전한 교회 가입을 확언하고 유대인 그리스도인들에게 바울의 설교가 불경하지 않다고 보증하는 변증 모티브로 가득 차 있다. 로마서 4장에서 바울은 아브라함을 하나님은 과거의 약속과 일치하는 방식으로 행동하신다는 것을 보여주는 증거적인 인물과 성경적인 확증으로 사용한다. 로마서 5-8장은 그리스도 안에서 가능해진 삶을 추천함으로써 권고 내에서 철학(기독교)의 가치와 유익을 보여주는 기능을 한다. 로마서 9-11장에서 바울은 그의 복음과 사역에 반대하는 대안 제안들을 반대함으로써 권고의 부정적인 측면을 다룬다. 마지막으로 로마서 12-13장과 16장에서 바울은 로마 그리스도인들에게 자기는 황제의 충성스러운 신하이며 자기가 로마에 도착할 때 그들을 불명예스럽게 만들지 않을 것이라고 확신시키려는 시도를 한다. 이렇게 그는 기독교를 바람직한 삶의 방식으로 보여준다.

비록 로마서에 나오는 바울의 권고의 상세한 부분에 완전히 동의하지는 않더라도 앤과 구에라의 연구는 바울이 로고스 프로트레프티코스 장르를 사용하는 점에서 헬레니즘 철학자들과 동일선상에 있을 뿐만 아니라, 기독교 공동체 자체를 철학학파로 간주하기도 하고 또 로고이 프로트레프티코이(*logoi protreptikoi*) 같은 특정 구전 및 문학 활동 유형에 적합한 배경으로 간주하기도 한다고 제안한다.

에피쿠로스학파는 초기 기독교 그룹에게 명백한 유비를 제공한다. 왜냐하면 로마 제국 전체에 번성하는 에피쿠로스 공동체가 있었기 때문이다(De Lacy 1948). 에피쿠로스는 주전 341년부터 270년까지 살았다. 그는 사모스에서 태어났지만 아테네에 자리를 잡았고 거기서 "정원"이라는 철학학파를 창설했다. 이 학파는 "코뮌"(commune, 공동체)이었지만 재산은 공유하지 않았다. 또 다른 철학학파들과는 달리, 여자와 노예도 남자와 동등하게 가입이 허용되었다. 에피쿠로스의 목표는 사람들에게 행복해지는 방법을 가르쳐 주는 것이었다. 이것은 다음의 소위 "네 가지 요법"에 잘 요약되어 있다. "신을 두려워하지 마라. 죽음 때문에 걱정하지 마라. 선한 것은 쉽게 성취할 수 있다. 끔찍한 것은 쉽게 견딜 수 있다"(Inwood, Gerson, Hutchinson 1994:vii). 그의 교훈은 많은 사람들을 매료시켰고 "에피쿠로스학파"는 그의 죽음 이후에도 지속돼서 기원후까지 이어졌다. 많은 부분에서 에피쿠로스 철학은 철학체계라기보다는 창설자를 숭배하는 제의였다. 추종자들은 에피쿠로스가 삶을 사는 유일한 참된 방법을 발견했다고 여겼다(De Witt 1936:205; Simpson 1941:378-79).

노만 드 위트(Norman De Witt)는 바울 공동체 이해에 에피쿠로스 철학을 사용하자고 주장하는 주요 옹호자들 중의 하나이다.[16] 드 위트의 책 『성 바울과 에피쿠로스』(*St. Paul and Epicurus*, 1954b)는 그의 책 『에피쿠로스와 그의 철학』(*Epicurus and His Philosophy*, 1954a)의 속편이다. 드 위트는 전편에서 바울이 에피쿠로스 철학을 많이 사용했다는 암시를 다수 남겨 놓았고 마침내 후편에서는 바울이 그리스도인이 되기 이전에 에피쿠로스학파의 일원으로서 교육을 받았다는 제안을 한다(1954b:168).

이 후편은 드 위트가 바울이 어디에서 그의 에피쿠로스 철학 지식을 사용하는지를 보여주려는 시도이다. 어떤 경우에는 바울은 기독교 배경에서 에피쿠로스 단어와 어구를 사용하여 에피쿠로스 철학에 빚을 지고 있는 것을 드러낸다. 다른 경우에는 바울은 그의 공동체 내의 에피쿠로스 그리스도인들을 반대하여 이 철학을 경시한다. 드 위트는 바울 저작의 폭넓은 실태를, 특히 빌립보서, 데살로니가전서, 갈라디아서, 고린도전서를 검토한다. 또 그는 에베소서와 골로새서에 관한 장도 포함시키고 그의 책은 다른 바울서신 및 (목회서신을 포함하여) 제2바울서신에 대한 언급들도 가득 차 있다.

드 위트는 바울과 에피쿠로스학파 사이의 많은 공통점을 강조한다. 둘 다 사회의 중산층 출신이었고, 둘 다 선교 지향적이었고, 둘 다 "평안과 안전"에 관심이 많았다(살전 5:3을 참조). 또 바울은 에피쿠로스의 물리학과 윤리학뿐만 아니라 그의 캐논(the Canon of Epicurus)에도 익

---

16) 또 Simpson(1941)을 보라. 그는 대중의 이해에서는 에피쿠로스학파와 그리스도인들이 종종 서로 연관되어 있었다고 본다. 양쪽 그룹의 구성원들은 무신론자들(Simpson 1941:372)과 이단자들로 간주되었다(참조. 유대교의 Birkat ha-Minim).

숙함을 보여준다. 특히 드 위트는 "우주의 기본 요소들"에 대한 바울의 경고(갈 4:3, 9; 골 2:8, 20; 참조. 히 5:12; 벧후 3:10, 12)가[17] 에피쿠로스의 원자물리학에 대한 직접적인 공격이라고 제안한다. 이 원자물리학은 우주가 원자와 공간으로 이루어져 있다고 보았다. 바울의 개별 편지들을 검토할 때에 각 편지에서 드 위트는 에피쿠로스의 저작에서 발견되는 어휘, 사고, 추리 방식과 공명하는 어구들을 많이 발견한다. 이 모든 것 때문에 그는 에피쿠로스의 저작과 에피쿠로스 철학의 실행이 사도 바울에게 직접적인 영향을 주었다고 단정하게 된다.

드 위트는 주로 바울의 편지들에 나오는 언어를 다루지만 에피쿠로스 공동체의 형성이 기독교 공동체 형성의 원형이었다고 제안하기도 한다. 바울은 에피쿠로스의 추종자들처럼 최초의 교사의 유산을 영속시키기 위해 그의 추종자들을 모았다. 이 최초의 교사가 에피쿠로스 그룹에게는 에피쿠로스였고 바울에게는 예수 그리스도였다. 두 그룹 다 자신의 창설자를 진리의 발견자와 구원자로 숭배했다(1954b:vi). 두 그룹 다 사적 가정에서 형성되었다.[18]

에피쿠로스학파와 그리스도인들은 단지 가정에 기반을 둔 그룹들을 이용하는 데서만 서로 비슷했던 것이 아니다. 이 그룹들은 학파로 구성될 수 있었다. 또 다시 이 구상은 에피쿠로스학파에서 생겨났고 그리스도인들에 의해 모방되었다(1954b:97).[19] 드 위트는 기독교 그룹

---

17) De Witt는 기본적인 영들이라는 번역은 오역이고 스토이케이아(*stoicheia*)라는 단어는 단순히 요소들 또는 기본적인 원칙들로 번역하는 것이 더 낫다고 주장한다.
18) 에피쿠로스 공동체는 가정에 기초를 두었고 구성원들 가운데서 가정의 관계를 재생산하려고 애를 썼다(De Witt 1954a:93, 52).
19) 이전의 에세이에서(1936) De Witt는 에피쿠로스 그룹의 조직을 기술한다. 이 그룹은 기독교 그룹과 어쩌면 폭넓은 유사성을 가졌지만, 세밀한 부분에서는 아주 갈랐다. 1944년의 에세이에서는 이 세밀한 부분의 차이가 다소 축소된다.

의 조직 구조의 어떤 측면들은 에피쿠로스 그룹의 조직 구조에 근거를 두고 있다고 제안한다. 심지어 그는 에피쿠로스가 그의 공동체에게 목회 편지를 쓰던 습관이 틀림없이 바울의 편지 쓰기의 모델이었다고 주장한다. 왜냐하면 "다른 모델은 존재하지 않았기 때문이다"(1944:255). 1세기 말이 되자 기독교 그룹은 에피쿠로스 그룹의 주요 경쟁자가 되었고 결국에는 이 그룹을 대체하게 되었다. 5세기가 되자 에피쿠로스 공동체는 기독교 공동체에 흡수되었다(1954a:328).

바울이 에피쿠로스 철학을 사용했다는 드 위트의 제안은 그럴 것 같다, 그럴 리 없다, 공상적이다, 완전히 틀렸다 등으로 다양하게 묘사될 수 있다. 실제로 드 위트의 책들은 잘 받아들여지지 않았다(Schmid 1962의 경우가 가장 명백하다). 많은 학자들이 드 위트의 제안에 적대적이어서 그들은 바울의 편지들이 철학적 배경을 가지고 있을 가능성을 완전히 무시했다. 하지만 말허브가 지적하듯이 드 위트의 지나침이 좀 더 책임 있는 시도를 무효화시켜서는 안 된다(Malherbe 1989a:15).

『바울과 필로데무스: 에피쿠로스학파와 초기 기독교 목회의 적응성』(*Paul and Philodemus: Adaptability in Epicurean and Early Christian Psychagogy*, 1995)에서 **클래런스 글래드**(Clarence E. Glad)는 에피쿠로스학파와 바울 기독교 그룹을 보다 세밀한, 아마 보다 성공적인 방식으로 비교하려고 했다. 글래드는 바울의 "목회적" 실제는, 즉 공동체를 돌보는 그의 스타일은 에피쿠로스학파의 것과, 특히 주전 1세기 중엽에 아테네, 나폴리, 헤르쿨라네움에 있던 에피쿠로스학파의 것과 비슷하다고 제안한다.[20] 바울 공동체의 목회적 측면에 대한 바울의 강조

---

20) 목회에 대한 더 많은 정보를 위해서는 Malherbe 1987:81-88; 1990:375-91; 1992:301-4를 보라.

는 사용 가능한 모델들 중에서 "철학학파 모델을 지지한다"(1995:8-9 각주 15). 하지만 이것은 직접적인 영향이나 차용이 있었다는 의미가 아니라 단지 공통적인 사회적 실제가 있었다는 의미이다. 바울 공동체와 에피쿠로스 공동체 둘 다에서 "공동체 구성원들이 권면, 교화, 교정에 상호 참여하는" 방식이 있었다(1995:8). 이 방식은 공동체를 규정하는 특징으로서 중요하다. "이것은 구성원들을 공동의 목적으로 함께 묶는 공동체 정신의 틀을 세운다"(1995:11). 실제로 이 "참여적인 목회"는 "에피쿠로스 공동체와 원시 기독교 공동체 둘 다의 규정적이고 구성적인 특징이다"(1995:335). 바울의 공동체 교육 방식은 독창적이지 않다. 그는 에피쿠로스학파에서 발견된 방식을 사용한다.

글래드는 처음의 두 장을 고대의 목회적 양육 전통을 개관하는 데에 사용한다. 도덕 상담자 또는 안내자와 더불어 고대 연설가는 다양한 성향과 배경을 가진 사람들로 이루어진 청중을 대할 때에 적응력과 융통성을 발휘할 준비가 되어 있어야 했을 것이다. 필요할 때에 사용할 수 있는 권고 기법들의 전체 모음이 필요했다. 고대 사람들은 종종 삶을 안내해주는 근원으로서 이 목회자들 또는 "성숙한 안내자들"을 찾곤 했다. 그때 제공된 안내 유형은 섞여 있었다. 상황의 요구에 따라서 가혹하기도 하고 온화하기도 했다.

에피쿠로스학파의 목회를 다룰 때에 글래드는 필로데무스의 저작들에서, 특히 그의 『솔직한 비평에 대해』(*On Frank Criticism*)에서 최상의 예를 찾아낸다. 또 글래드가 공동체 안내에 대해 최상의 짝을 찾아내는 것도 바로 필로데무스에게서이다. 그는 필토데무스와 바울을 분석한 후에, 둘 다 솔직한 담화의(가혹하고 온화한) 이중의 관점과 우정의 중요성과 공동체 전체가 권면과 교화와 교정에 참여하는 것을 인정한다고 결론짓는다(1995:105; 참조. 107, 185, 193, 204). 비록 글래드가 이 방식이 로마서 14:1-15:14에서 어떻게 사용되었는지를 보여주더라도 그의 초점은 고린도 공동체에 있다. 그는 약하고 불안한 사람들을 대하는 바울의 방식은 부드럽거나 온화하다고 말한다. 하지만 반항하는 사람을 대할 때는 바울의 방식은 훨씬 더 가혹하다. 에피쿠로스학파의 목회처럼 바울의 방식은 도덕적 안내를 받는 사람의 성향과 배경을 고려한다. 그렇게 함으로써 바울은 "모든 사람에게 모든 것"이 되었다. 또는 글래드가 번역하듯이 "나는 모든 종류의 사람에게 차례로 모든 것이 되었다"(고전 9:22b).

에피쿠로스학파와 더불어, 주후 1세기에 대중적이었던 또 다른 철학학파는 스토아학파였다(행 17:18을 참조). 스토아 철학은 주전 4-3세기에 살았던 키티움의 제논에 의해 아테네에서 창설되었다. 제논은 처음에는 견유철학에 입문하여 크라테스에게 배우다가 소크라테스철학으로 돌아섰고 후에는 자신의 철학을 발전시켰다. 그는 처음에는 아테네의 스토아(stoa, 열주랑)에서 그의 철학을 자세히 설명했다. 그래서 이 철학 체계의 이름이 스토아 철학이 되었다. 결국 그는 아테네에서 학파를 조직했고 이 학파는 유스티니아누스가 주후 529년에 모든 아네테 철학학파들을 폐쇄할 때까지 지속되었다. 그 긴 시기 동안에 스토아 철학은 많은 발전과 변화를 겪었다. 스토아 철학은 제논의 후계자인 크리시푸스와 더불어 시작되었다. 그는 제논의 사상을 체계화하려고 했다. 스토아 철학은 로마 세계에서 환영받았고 그 추종자들 가운데는 키케로, 세네카, 에픽테투스, 마르쿠스 아우렐리우스가 들어있다.

스토아 철학자들은 전체 우주가 이성(*logos*)에 의해 운영된다고 간주했다. 이성은 신과 동일시되고 자신을 운명으로서 보여준다. 지혜로운 사람의 역할은 무슨 일이 일어나든지 간에―그것은 바뀔 수 없다는 것을 알고―그것과 조화롭게 사는 것이다. 사람은 모든 일에 냉담하게 살아야 한다. 사람들은 자연과 일관되게 생활함으로써, 정욕과 불의한 생각과 방종 등을 멀리함으로써, 그리고 바른 생각으로 자신의 의무를 행함으로써 참된 자유를 얻는다. 그 목표는 덕스러운 삶이다.

바울 공동체 형성의 배경으로서 스토아 철학을 연구하는 것은 특히 **트뢸스 엥버그 페더슨**(Troels Engberg Pedersen)의 최근의 에세이인 "빌립보서에 나타나는 스토아 철학"(Stoicism in Philippians, 1995)에서 유익한 것으로 증명되었다.[21] 비록 엥버그 페더슨이 서두에 바울은 스토아 철학자가 아니었다고 말하더라도 그는 바울이 어떻게 스토아 철학 사상을 빌립보서에 주의 깊게 포함시키는지를 설득력 있게 보여준다. 단순히 바울에게 나타나는 스토아 철학 사상을 보여주기만 하는 다른 연구들과는 달리, 엥버그 페더슨은 바울의 스토아 철학화하는 모티브를 직접 빌립보 공동체 형성과 결합시킨다. 바울에게 나타나는 스토아 철학의 지시 대상은 바울이―의식적으로든 아니든―특별한 종류의 공동체를 만들려고 시도하고 있다는 암시를 준다.

그의 책 『공화국』(Republic)에서 제논은 스토아 철학의 가르침에서 생겨날 수 있는 특수한 이상적인 공동체를 그렸다. 그곳에는 사회 계급, 성별, 정치적 소속 등에 근거를 둔 모든 차별이 폐지된다. 계급제도는 없어지고 모든 사람들은 독자적인 행동을 취할 수 있는 자유를 갖는다. 물론 지혜로운 사람은 도덕적으로 선한 것을 행하려는 선택을

---

21) 바울의 스토아 개념 사용을 다룬 다른 근래의 연구에는 Martens 1994도 들어있다. 스토아 철학과 신약성경 사이를 연결한 학자들에 대한 역사적인 개관을 위해서는 Colish 1992를 보라.

한다. 제논 이후에 이 이상적인 공동체 개념은 약간 변경되었다. 먼저 견유학파의 흔적이 제거되었다. 그리고(이것이 더 중요하다) 크리시푸스의 지도 아래 이 공동체는 지역에 근거를 둔 주민 센터에서 "지구상의 어디에 살든지 간에 도덕적으로 선한 모든 사람들의 공동체"로 변화되었다(1995:267). 바울과 가장 관련이 많은 것은 바로 이 이후의 발전이다.

엥버그 페더슨은 빌립보서에서 발견되는 많은 용어와 개념이 어떻게 그것들이 스토아 철학자들의 저작에서 갖고 있는 의미로 사용되는지를 보여준다. 그런 후에 그는 "그리스도의 날"에 임하는 심판과 코이노니아(koinōnia) 등과 같은 빌립보서에 나오는 다른 주요 모티브에 주목한다. 코이노니아란 사람들은 다른 사람들을 자신들보다 더 낮게 여기기 때문에 그들을 돌볼 것이라는 개념이다. 그의 제안에 의하면 그리스도인의 하늘 폴리튜마(politeuma⟨시민권⟩)에 대한 바울의 주장은(빌 3:20) 스토아학파의 도덕 및 정치 철학의 기본 사상을 반영한다. 즉 이 삶이 지향하고 있는 끝 내지 목표가 있고 이 끝은 이상적인 공동체라는 사상이다. 그런데 이 이상적인 공동체는 사람의 신념과 행위에 의해 현재의 상황에서 가능한 한 많이 실현되어야 한다. 바울은 이것을 그의 그리스도인 생활 이해에 근거하여 상술하지만 그의 공동체 형성 과업에서 "바울은 사실상 스토아 철학을 사용하고 있다"(1995:279).[22]

"바울과 헬레니즘 학파"(Paul and the Hellenistic Schools, 1995)에서 **러브데이 알렉산더**(Loveday Alexander)는(위에서 살펴보았듯이) 고대 관찰자에게는 회당과 교회가 철학학파와 가장 많이 닮았다고 제안한 노크

---

22) 계속해서 Engberg-Pedersen은 바울이 (그의 연설에서 감정적인 힘을 사용하는 것과 더불어) 빌립보 회중에게 구조를 제공하기 위해 계급제도의 언어를 사용할 때 그는 더 이상 스토아 철학자처럼 주장하지 않는다는 것을 보여준다(1995:280-89). 하지만 바울이 가장 스토아적일 바로 그 때에, 그는 또한 가장 기독교적이다(1995:280, 참조. 289).

(1933)의 연구를 뒤따른다. 알렉산더는 철학학파에도 기독교에도 매료되지 않은 2세기의 의사 갈렌의 저작을 이용하여 어떻게 기독교와 유대교가 단순히 또 하나의 철학학파로 여겨졌는지를 보여준다. 한 구절에서 갈렌은 "모세와 그리스도의 추종자들"은 철학학파의 지지자들보다 더 악하지 않고 더 선할 수도 있다고 제안하는 것으로 보인다. 갈렌의 관찰은 틀림없이 유대인들과 그리스도인들의 가르치는 활동과 전통에 근거를 두고 있다(1995:67).

철학학파와 마찬가지로 기독교 그룹의 정체성은 창설자의 권위에 근거를 두었다(1995:72). 그들은 학문적이고 이성적인 사고에는 종종 가정하는 것보다 관심이 적었다. 그 추종자들은 자신들의 고유한 입장에 대해 사적 및 공적 강의를 하면서 종종 학파와 창설자에게 무비판적으로 헌신할 것을 옹호했다(1995:77). 학파에 속한 교사들은 메시지를 제시하기 위해 다양한 장소와 스타일을 사용했다. 이 점에서 바울은 그들과 아주 많이 비슷하다. 그는 지중해 연안을 여행하면서 공적 장소와 사적 주택에서 이야기할 수 있었다.

알렉산더는 처음에는 논쟁에 아주 깊이 들어갔다가 이 에세이의 끝에서는 다른 유비들도 적절할 수 있다는 제안(예를 들어, 무역 조합: 1995:79)과 그녀의 분석은 단지 학파 모델을 중요한 도구로 세울 뿐이라는 제안(1995:81-82)을 함으로써 한발 뒤로 물러난다. 하지만 마지막에는 조합은 학파와 달리 문헌을 산출하지 않았고 자신을 전 세계적인 운동의 일부로 보지도 않았다고 제안함으로써 무역 조합을 무시한다.[23] 추측컨대 철학학파는 초기 기독교 그룹을 이해하는 데에 가장 적

---

23) 첫 번째 주장은 아주 빈약하다. 우리는 단체들이 기록한 문서를 가지고 있지 않지만 그것은 시간이 흐르면서 생긴 재난일 것이다. 대부분의 단체들은 수호신을 가지고 있었고 그들 가

합한 "도구"로서 남아 있다.

3. 결론

이 장의 논의로부터 분명해져야 하는 것은 많은 학자들이 바울의 사상과 언어를 이해하는 데에 적절한 배경을 헬레니즘 도덕철학자들에게서 찾지만 단지 소수의 학자들만이 이것을 명확하게 바울 공동체 조직을 이해하는 데까지 확장한다는 것이다. 그럼에도 불구하고 많은 사람들이 은연중에 인정할 수밖에 없는 것은 바울이 그의 공동체들에게 말할 때에 마치 그 공동체들도 자기처럼 다양한 철학 체계들의 미묘한 차이에 익숙한 것 같이 말하는 것으로 봐서 그는 그 공동체들이 자신들을 "철학학파들" 모델에 비추어 이해하는 것으로 생각한다는 것이다. 그렇지만 명백하게 우세한 하나의 철학 체계가 없기 때문에 또 "학파들" 사이의 다양성 때문에 이 이해는 이내 무너지기 시작한다.

바울의 기독교 공동체들이 (에피쿠로스) 철학학파들이었다는 가장 오래 지속된 주장들 중의 하나는 별로 환영받지 못했다(드 위트의 주장). 그럼에도 불구하고, 철학 체계들을 바울 사상의 배경으로서 계속 사용하기 위해 이제 신약학자들이 해야 하는 것은, 철학학파들의 형성과 조직의 특성과 범위를 계속해서 조사하고 그 다음에 바울의 편지들에 나오는 유사 자료를 상세하게 조사하는 것이다.

운데 많은 신들이 많은 문학적 지원을 받았고 그 단체들은 이것을 사용했을 것이다. 두 번째 주장은 단순하게 틀린 주장이다. 몇몇 단체들은 기독교처럼 초지역적인 연계를 맺고 있었다 (Ascough 1997을 보라).

제3장

고대 신비종교

1. 바울과 신비종교[1]

바울은 로마서 6:1-11에서 그리스도인들이 세례 의식을 어떻게 경험했는지를 기술한다. 이 절들은 바울이 그의 세례 신학을 신비종교에서 전해 받았다고 제안하는 데에 사용되어 왔다. 실제로 이 단락은 신비종교가 바울의 신학과 그의 공동체에 영향을 주었다고 주장하는 데에 종종 사용되는 "진입 지점"이다(Wedderburn 1982:824).[2] 바울은 그 과정을 다음과 같이 묘사한다.

---

1) 신비종교(mystery religions)가 아니라 신비(mysteries)를 사용하는 것에 대한 논의를 위해서는, 서론의 각주 1을 보라. (그럼에도 불구하고, mystery를 "신비"로 번역할 경우, 우리말에서는 표현도 매끄럽지 못하고 의미도 부정확해지기 때문에, 이 책에서는 mystery를 부득이 "신비종교"로 번역한다 - 역자주).
2) 종종 강조되는 다른 단락들은 고전 2:14; 고전 15:1-58; 빌 2:6-11이다. 하지만 그 어떤 단락도 롬 6:1-11만큼 강조되지는 않는다.

무릇 그리스도 예수와 합하여 세례를 받은 우리는 그의 죽으심과 합하여 세례를 받은 줄을 알지 못하느냐 그러므로 우리가 그의 죽으심과 합하여 세례를 받음으로 그와 함께 장사되었나니 이는 아버지의 영광으로 말미암아 그리스도를 죽은 자 가운데서 살리심과 같이 우리로 또한 새 생명 가운데서 행하게 하려 함이라(롬 6:3-4).

앞으로 살펴보게 되겠지만 그리스도와 함께 죽고 살아난다는 이 생각이 직접 신비종교에서 유래한 것이라고 한다(참조. Wedderburn 1987b:57). 또 다른 본문들도 신비종교가 바울에게 준 영향을 반영한다고 여겨진다. 예를 들어, **위트**(R. E. Witt)는 바울의 (사도행전에 나오는) 행위들 및 편지들과 이시스 제의 사이의 많은 (비록 서로 종류는 다르더라도) 흥미로운 평행을 지적했다(1971; 참조. 1966a:137-38; 1966b:53-54, 58, 61). 바울의 편지들에 나오는 구체적인 내용은 바울이 이시스 숭배 신앙과 접촉한 것이 틀림없다는 표시로 간주된다.

예를 들어, 바울의 주요 신학 용어들인 "능력"과 "구원"은 이시스 제의에서 평행을 갖고 있다. 그가 로마서 1:23에서 타락한 사람들의 신인동형론과 동물숭배를 공격하는 것은 이집트 제의의 성상숭배를 직접 공격하는 것일 수 있다. 고린도전서 13장에서 언급되는 소리 나는 놋쇠와 딸랑거리는 심벌즈는 이시스가 한겨울에 땅을 갱신하면서 만드는 음악을 떠올리게 한다(1971:266). 빌립보서의 찬가에서 예수에게 부여된 "모든 이름들 위에 있는 이름"은 로마 식민지 빌립보의 "빅토리아 여왕"인 이시스 여신의 많은 위대한 이름들을 창피하게 만든다 (1971:267-68; 참조. 1966b:61).

이 예들이 보여주듯이 위트는 바울이 이시스 제의에 절대로 동정적이지 않았다고 본다. 비록 그의 언어가 이 제의의 언어로 가득 차 있더라도(예를 들어, 유카리스티아 에클레시아 [*eucharistia, ekklēsia*]; 1971:268) 사실 바울은 이 제의에 비판적이었다. 바울의 근본적인 남성신 신앙, 그의 유일신론, 그의 기독론, 그의 가부장제가 모두 그가 이시스 제의에서 너무 많은 것을 차용하지 못하도록 방해했다. 위트는 다른 논문에서(1966a) 교부들의 부인에도 불구하고 이시스 제의가 교부 시대 동안에 기독교 교회의 신념과 예식 실행에 심오한 영향을 주었다고 제안하기 위해 비슷한 방법론("평행"을 찾는 방법론)을 사용한다.

2. 신비종교의 특성과 범위

1) 묘사

신비종교(mystery, 신비)는 "성스러운 것을 경험함으로써 정신의 변화를 추구하는 자발적이고 사적이고 비밀스러운 성격의 가입 의식"이었다(Burkert 1987:11). 그 후에 가입자는 다른 가입자들과 합류하여 구성원들이 특정 신의 보호 하에 어떤 비밀스러운 의식에 함께 참여하는 단체를 구성했을 것이다. 신비종교는 그 신비종교에 가입하기로 선택한 개인들에게 주어지는 구원을 강조하는 경향이 있었다. 그 결과 내면에 집중하는 신자 그룹이 생겨나게 되었다(Meyer 1992:941). 비록 행진과 희생제사 같은 공적인 축하행사도 있었지만 신비종교는 오직 가입자들에게만 알려진 비밀스러운 의식을 강조했다(Meyer 1992:941).

신비 의식에서(이것에 대해서는 거의 아무것도 알려지지 않았다) 강조점은 정보 전달보다는 경험에 놓여 있었던 것으로 보인다(Meyer 1992:941). 이 의식은 특히 가입자가 죽은 후에 어떤 유익을 제공해준다고 여겨졌다(Wedderburn 1987b:56-57; Ferguson 1987:198).

신비종교는 긴 역사를 갖고 있다. 가장 초기의 신비종교 중의 하나는 엘레우시스의 데메테르와 코레 신비종교이다. 이 신비종교는 최소한 주전 6세기까지 거슬러 올라간다. 디오니소스 신비종교는 이것보다 약간 늦게 나타난다(Burkert 1987:2). 신비종교를 추구하는 경향은 헬레니즘 시대에 자라났고 로마 시대에는 훨씬 더 그랬다. 십중팔구 서양 민족들이 전쟁, 무역, 여행을 통해 이 대부분 동양적인 종교들과 접촉하게 되었기 때문일 것이다. 이 시대의 가장 중요한 신비종교에는 디오니소스, 위대한 어머니(키벨레)와 아티스, 이시스와 사라피스(오시리스), 미트라 신비종교 등이 포함된다.

불행하게도 여기서는 지면 관계상 각 신비종교의 자세한 내용을 제공할 수는 없다. 하지만 우리는 신비종교들을 동질적인 실체로 다루는 것과 신비종교 "신학" 또는 신비종교 "실행"에 대해 일반화하는 것은 (앞으로 살펴보게 되겠지만) 더 이상 적절하지 않다고 경고하고자 한다. 그런 일반화가 기독교와 부적절한 비교를 하게 만들었다. 각 신비종교는 그것의 고유한 관점에서 그것의 고유한 용어(이것이 알려졌다면)를 사용하여 조사해야 한다.[3] 주요 신비종교들과 그 신념의 윤곽에 대한 묘사로는 간략하지만 철두철미한 안내서인 루터 마틴(Luther H. Martin)

---

3) 불행하게도, 알려진 것은 종종 너무 적어서 확실한 결론을 도출할 수 없다. 가입자들은 보통 의식의 경험과 해석을 비밀로 고이 간직했다. 알려진 것은 보통 일반 대중을 겨냥하는 비문과 예술 작품에서 나온 것이고, 그래서 세부적인 사항에서는 상당히 애매모호하다(Wedderburn 1982:829).

의 『헬레니즘 종교』(*Hellenistic Religions*, 1987)나 월터 버커트(Walter Burkert)의 『고대 신비종교 제의』(*Ancient Mystery Cults*, 1987)가 있다.[4]

위의 부인에도 불구하고 신비종교들은 몇몇 일반적인 특징을 공유했다(Meyer 1992:941). 여기서 우리는 이 특징을 간략하게 언급하고자 한다. 신비종교들은 땅, 농사, 자연의 순환주기에 뿌리를 두고 있다. 그들의 의식의 목표는 풍요와 안전을 보장하는 것이었다. 비록 이 의식이 또한 행복한 사후 생활을 약속했더라도 말이다. 대부분 신비종교는 자발적인 성향을 띠었다(Stambaugh and Balch 1986:132; 참조. Bultmann 1956:157). 가입 의식은 개인적이 아니라 집단적이었지만 신비종교에 가입하려는 선택은 개인적이었다. 따라서 신비종교는 사적 종교의 한 표현이었다(Ferguson 1987:197).

신비종교의 실행과 관련하여 세 가지 조직 형태를 보여주는 증거가 있다(자세한 내용을 위해서는 Burkert 1987:30-53을 보라).

첫 번째 조직 형태는 신을 위해 예언자와 선견자로서 지중해 연안을 돌아다니던 개인 유랑자 또는 카리스마적 실천가였다. 이 사람은 특정 그룹과 제휴하지 않았다.

두 번째 조직 형태는 도시 행정의 일부이던지 아니면 가족 재산이던지 간에 제사장(과 여제사장)이 있는 성소를 기반으로 삼았다. 후기 헬레니즘과 로마 시대에는 잘 확립된 신비종교 대부분이 성소, 직업적인 제사장, 성스러운 상징과 의식을 갖추고 있었다. 비록 이 신비종교의 실행이 이 성소의 위치에 한정되지는 않았더라도 말이다.

---

4) 1979년까지의 포괄적이고 잘 분류된 신비종교 참고문헌을 위해서는 Metzger 1984를 보라.

세 번째 조직 형태는 자발적 단체의 형태이다. 이 단체의 중점은 특정 신 및 이 신과 관련 있는 신비종교였다.[5] 뒤의 두 형태에서 가입자 단체는 식사와 잔치, 춤과 의식, 특히 가입 의식을 포함하여 많은 공동체 행사에 참여할 수 있었다. 이 세 가지 사회적 표현 형태는 다 서로 배타적이지 않았다. 예를 들어, 유랑자가 가입자 단체를 만들려고 했을 수도 있고, 또 지역의 공공 성소가 그 성소에 속한 사적인 자발적 단체를 갖고 있었을 수도 있다(Burkert 1987:32).

2) 전파

마틴 굳맨(Martin Goodman, 1994:32)은 그리스-로마 제의들의 선교 노력에 대해 간결하고 훌륭한 요약을 제공해주었다. 그의 예들은 대부분 신비종교에서 나온 것이기 때문에, 여기서 그것을 자세하게 인용하는 것이 적절할 것이다.

요약하자면 고대 다신교에서 선교 태도는 아주 다양했다. 선교가 실시되었을 때에 그것은 보통 변호적이었고 선전적이었다. 사당들에서 발견된 지나가는 사람들에게 신의 능력과 선행을 선포하는 많은 비문들이 이 범주에 포함될 수 있다. 이 비문들의 주요 목표는 신들도 사람들과 마찬가지로 영광받기를 좋아한다는 가정 하에 단순히 신을 찬양하는 것이었다. 단지 때때로 황제 숭배의 추종자들처럼 지역적 확장의 중요성을 특별히 인식한 제의의 추종자들이 개종 활동에 몰두했다. 그들의 경

---

[5] 자발적 단체는 이 형태에 한정되지 않는다. 훨씬 더 광범위한 이해가 제4장에서 다루어질 것이다.

우에서도 그들의 꿈의 범위가 전 인류적이었다는 증거는 없다. 어떤 이 방인도 모든 인류로 하여금 한 몸으로 한 신에게 예배하게 할 꿈을 진지하게 꾸지 않았다.

하지만 이 판단에도 불구하고 비록 한정된 양이기는 하지만 신비종교의 선전(propagation)을 보여주는 증거가 약간 있다. 선전을 한 가장 분명한 신비종교 중의 하나는 미트라 신비종교이다. 고대의 상인들과 군인들에 속해 있던 추종자들을 통해 미트라 제의는 로마 제국을 자신의 기원지인 동쪽 지역에서부터 로마까지, 로마를 넘어 서쪽 지역까지 횡단할 수 있었다(Teeple 1988:317을 보라). 하지만 신비종교들은 자신의 신앙을 선전하기 위해 대대적인 노력을 기울이지 않았다는 군맨의 제안은 분명히 옳다. 그럼에도 불구하고 모든 신비종교들이 추종자들을 끌어들였던 것으로 보인다. 이때 신비종교 가입이 반드시 다른 종교로의 "개종"을 의미하지는 않았다는 것에 주목하는 것이 중요하다. 한 사람이 하나 이상의 신비종교에 가입할 수 있었고, 각 신비종교와 관련된 의식에 참여할 수 있었다.

3. 모델로서의 신비종교[6]

1) 옛 옹호자들

일찍이 교부들 이래로 주석가들—그리스도인과 비그리스도인 양쪽 다—은 기독교와 신비종교 사이의 유사점을 지적해왔다.[7] 대부분 초기 그리스도인들은 기독교가 신비종교와 상관없이 발전했다고 주장했다. 모든 유사점은 기독교를 예견하고 특정 기독교 의식을 복제하여 신비종교 안에 집어넣어 놓은 사탄의 활동 결과이다.[8]

기독교가 신비종교의 영향을 받았다고 본 초기 현대 학자들 중의 하나는 이삭 카사우본(Isaac Casaubon)이었다. 그는 1614년에 신비종교가 기독교 성례의 출처라고 제안했다(Teeple 1992:51; Metzger 1968:1 각주 1). 신비종교 자체를 좀 더 비평적으로 조사한 최초의 학자는 C. A. 로벡(C. A. Lobeck)이었다. 그는 1829년에 좀 더 과학적인 신비종교 연구의 길을 열 수 있었다(Metzger 1968:1). 구스타프 안리히(Gustav Anrich)가 그의 뒤를 따랐다. 그는 1894년에 이전에는 제기되지 않았던 방법론적 종합성과 정밀성을 비교 조사했다(Wagner 1967:7).

---

6) 우리의 일차적인 관심은 신비종교가 바울 공동체 형성에 미친 영향에 있다. 신비종교가 바울 사상에 미친 보다 일반적인 영향에 대한 연구는 이 장의 범위를 넘어선다. 이것을 추구하려는 사람들은 Metzger(1968)나 Wagner(1967)의 연구에서 시작해서 그곳에 제시된 참고문헌을 따라가는 것이 좋을 것이다.
7) Metzger 1968:8; Lease 1980:1315-16. 교부들 중에는 순교자 저스틴, 터툴리안, 오리겐, 피르미쿠스 마테르누스, 제롬이 있고, 비그리스도인들 중에는 켈수스, 플라비우스 포피스쿠스가 있다.
8) 성찬과 미트라 신비종교의 비슷한 의식의 경우에 이랬다. 순교자 저스틴(*Apologia* 1.64.4; *Dialogus cum Trypone Judaeo* 70.1)과 터툴리안(*De Praescriptione Haereticorum* 40)은 유사점을 사탄의 소인으로 돌렸다.

신비종교를 초기 기독교 이해의 유비로 사용하는 것은 19세기 말과 20세기 초의 종교사학파(독일어로는 *religionsgeschichtliche Schule*)의 영향하에 최고조에 이르렀다.[9] **리차드 라이첸슈타인**(Richard Reitzenstein)의 『헬레니즘 신비종교』(*Hellenistic Mystery-Riligions*, 1910, 영역본 1978)는[10] 이 종교사학파 연구의 최고의 모범으로 간주된다. 그는 신비종교 제의의 총체적인 선교 활동 모습에 도달하기 위해 많은 단절된 신비종교 저작을 비교한다. 그의 주장에 의하면 바울은 그의 선교 프로그램에 착수하기 전에 신비종교의 언어와 개념을 체계적으로 연구했다(1978:536). 그 결과 세례와 주의 만찬에 대한 바울의 관점은 신비종교의 가입 의식에 의해 직접적인 영향을 받았다(1978:76-81).[11] 실제로 이 연구는 바울이 자기와 관련 있는 공동체와 효과적으로 의사소통하려고 시도했을 때에 그에게 계속해서 도움이 되었다(1978:85, 536). 이것은 바울 공동체가 신비종교 개념에 익숙한 사람들로 이루어졌고 따라서 신비종교와 비슷한 방식으로 구성되었다고 암시한다.[12]

"기독교 신비종교"(The Christian Mystery)를 다룬 20세기 초반의 논문에서(1911-12) **알프레드 루아지**(Alfred Loisy)는 대담하게 기독교는 유대교의 종파가 아니라 독자적인 종교라는 것을 보여주는 일에 착수한다. 이것은 역사적 예수의 원래 의도가 아니었다. 오히려 이것은 주

---

9) 종교사학파가 바울 연구에 미친 영향에 대한 개관을 위해서는 Riches 1993:31-49를 보라.
10) 독일어 원본 *Die hellenistischen Mysterien-religionen*은 1910년에 초판이 나왔다. 1978년의 영역본은 1926년에 독일어로 출판된 세 번째 판본을 사용했다.
11) Reitzenstein은 로마서 6장에 나오는 바울의 세례 이해를 설명하기 위해 아풀레이우스의 이시스 신비종교에 주목한다.
12) 많은 학자들이 이제는 Reitzenstein의 접근방식을 지나치게 단순하고 환원주의적이라고 생각한다. 그는 신비주의를 주후 2세기와 그 이후 세기에 영지주의에서 절정에 도달한 하나로 통일된 현상으로 묘사했다(Kee 1995b:145).

로 바울의 행동 때문에 생겨났다. 바울은 그의 고유한 배경 때문에 예수의 복음을 헬레니즘 신비종교 제의로 바꾸었다.

신비종교의 몇몇 실행을 묘사하면서 루아지는 특히 기독교적 잔향을 가지고 있는 용어를 자유롭게 사용한다. 예를 들어, 그는 이시스와 사라피스(오시리스) 제의의 가입 의식의 일부를 이렇게 묘사한다.

> 오시리스가 다시 살아나기 위해 나일 강물에 던져졌듯이 초신자는 세례를 받는다. 그는 이 세례로 인해 재생된다. 그는 단지 비유적으로 오시리스의 죽음과 부활을 보는 것이 아니다. 그 자신이 성스러운 드라마 속으로 들어가서 주요한 역할을 감당한다. 그는 오시리스가 된다 (1911:48).

또 다시 키벨레와 아티스의 의식을 기술하면서 그는 아티스의 "수난과 부활은 적절하게 기념되었고," 기름을 붓는 의식에 뒤이어 "황소를 제물로 바치는 피의 세례가 행해졌는데 이 세례는 또한 재생과 불멸의 성례이기도 했다"고 기록한다(1911:48). 그래서 그가 바울을 다루기 시작할 때에 유사 자료를 발견하고 바울의 기독교는 "전반적으로 우리가 지금 이야기하고 있는 것과 똑같은 모델에 기초한 것으로 여겨졌다"고 제안하는 것은 그리 놀랄 일이 아니다(1911:50). 하지만 그 후에 많은 사람들이 지적했듯이 루아지가 묘사한 많은 것이 실제로는 그 어떤 고대 본문에도 나오지 않는다. 그 대신에 루아지는 기독교에서 추출한 언어를 사용하여 빈틈을 채워 넣었다. 에드윈 베반(Edwyn Bevan)은 "이 계획에 의하면, 당신은 먼저 기독교 요소를 끼워 넣고 나서, 그 후에 거기서 그것을 발견하는 것에 깜짝

놀란다"고 신랄하게 비판한다(Metzger 1968:9에서 인용).

다시 루아지에게로 돌아가자. 그는 주로 로마서에서 제시된 대로의 바울의 구원론에 대한 간단한 분석으로 시작한다. 그는 예수가 어떻게 그의 지상 모습, 그의 "우주적 구속", 그의 폭력적 죽음과 뒤이은 삶으로의 귀환, 그의 추종자들로 하여금 구원에 이르는 방식으로 그를 예배하게 하려는 그의 예정된 계획 등에서 사라피스, 아티스 또는 미트라와 같은 구원자—신(savior-god)으로 여겨지는지를 보여준다. 이 유사점들은 기독교의 두 성례인 세례와 주의 만찬에서 가장 분명하다. 기독교 세례에서 가입자는 "이교의 신비종교에서처럼, 다시 태어나기 위해 죽는 것으로 간주된다"(1911:53). 그리고 주의 만찬에서 빵과 포도주의 성분은 신비적으로 그리스도의 몸과 피가 되어서 만찬 참여자가 그리스도와 신비적 동참을 이루게 한다. 이것은 신비종교에서 직접 유래한 관념이다. 참여하는 사람들이 "그리스도의 사회적 몸에, 즉 그를 믿는 사람들의 공동체에 들어오거나 머무는" 것은 바로 신비적인 의식에 참여하는 이 동참을 통해서이다(1911:55). 루아지의 견해에 의하면 바울의 공동체 형성에 차용되는 패러다임을 제공하는 것은 신비종교이다.

바울이 예수의 복음을 신비종교 제의로 바꾸었다고 제안한 후에 루아지는 이 변화가 어떻게 일어났는지를 말하면서 마무리한다.[13] 그의 제안에 의하면 바울은 이교도의 신비 문헌에 접근할 수 있었고 이 문헌을 기독교 개종 이전과 이후에 연구했다(1911:58). 바울은 이미 신비종교가 알려졌던 다소에서 자랐기 때문에 이 신비종교의 신념과 실행을 접할 기회도 있었을 것이다. 실제로 루아지는 바울이 이교도들을 유대

---

13) Loisy는 이 변화가 오직 바울에 의해서만 달성된 것은 아니라고 인정하지만 바울은 이 변화에서 가장 중요한 일꾼이었다(1911:57).

교로 개종시키려고 시도하는 동안에 그들과의 토론을 통해 신비종교와 익숙해졌다고 제안한다. 일단 자신의 기독교 개종을 경험한 후에 그는 "자기가 얻으려는 민족들의 종교 사상과 친숙해지기 위해, 자기가 세우려는 공동체의 조직과 예배에 필요한 규정을 찾아내기 위해" 신비종교를 더 연구했다(1911:58). 하지만 바울의 기독교 공동체는 신앙의 통일성과 사회 조직에서 더 강하게 되었다는 점에서 내부 단결이나 상호 결속이 없던 신비 그룹을 뛰어 넘었다. 이 요소가 하나님, 불멸, 구원자-신과의 더 긴밀한 관계에 대한 더 확고한 신학적 확신과 함께 작용해서 기독교가 신비종교를 대체하게, 또 종국에는 제거하게 해주었다(1911:64).

오늘날에는 루아지의 접근방식이 지나치게 단순해 보인다. 그가 기독교와 신비종교 사이에서 추출한 대부분의 유사점은 고작 피상적일 뿐이다. 실제로 루아지는 나중에 메츠거(Metzger)가 경고하는 많은 방법론적 덫에 걸려들었다(1968; 아래를 보라). 하지만 이것은 루아지가 계속해서 그의 논제를 추구하는 것을 가로막지 못했다. 신비종교와 초기 기독교의 공통적인 모습을 살펴보는 비슷한 접근방식이 그의 책 『이교의 신비종교와 기독교의 신비종교』(*Les mystères païens et le mystère chrétien*, 1914[*Pagan Mysteries and the Christian Mystery*]; Kee 1995b:145)에서 발견된다.

1913년에 **빌헬름 부세트**(Wilhelm Bousset)는 『주 그리스도』(*Kyrios Christos*)라는 포괄적이고 매혹적인 책을 출판했다. 이 책에서 그는 팔레스타인 기원에서 시작하여 2세기 말 이레니우스 시대에 이르기까지 기독교의 발전을 추적한다.[14] 부세트의 논제는 예수는 초기 팔레스타인 공동체에서가 아니라 헬레니즘 공동체들에서 처음으로 "주"로 불렸다는 것이다. 퀴리오스(*Kyrios*〈주〉) 칭호를 사용하는 것은 "주 사라피스"나 "주 아티스"와 같이 신비종교의 신에게 이 칭호를 사용하던 데서 유래되었다.

부세트는 먼저 원시 팔레스타인 기독교 공동체를 조사한 후에, 그의 관심을 헬레니즘 공동체들에게로 돌린다. 그는 초기 기독교의 이 두 주요 진영 사이에 현저한 분리가 있다고 본다. 비록 바울은 유대인이었더라도, 부세트는 그의 신학과 실행은 팔레스타인 공동체가 아니라 그가 사역하던 헬레니즘 공동체들에 의해 많은 영향을 받았다고 주장한다. 실제로 부세트는 바울이 헬레니즘 공동체들을 무로부터 창조하지 않았다고 주장한다. 많은 헬레니즘 공동체들, 특히 안디옥과 로마의 영향력 있는 공동체들은 바울이 이방인 사도로서 사역을 시작하기도 전에 설립되었다.

퀴리오스 칭호에 대한 조사를 시작하면서, 부세트는 이 칭호는 헬레니즘 교회에서 팔레스타인 교회의 "사람의 아들" 칭호 대신에 사용되었다고 제안한다. 왜냐하면 후자의 칭호는 헬레니즘 교회의 이방인들에게 이해되지 않았을 것이기 때문이다. Kyrios 칭호가 복음서 보고에 들어있는 팔레스타인 전승에는 나오지 않기 때문에, 헬레니즘 교회는 틀림없이 이 칭호를 다른 데서, 즉 신비종교에서 차용했을 것이다.

---

14) 이 책은 두 번째 개정판이 출판되기 전에 죽은 Bousset의 동료들의 지도 하에 다섯 차례 개정되었다. 마지막 개정판은 1964년에 나왔다. 하지만 1970년까지는 영어로 번역되지 않았다.

헬레니즘 교회가 Kyrios 칭호를 강조하는 것은 그리스도인들의 공통 쿨투스(cultus 〈제의〉)를 가리킨다(1970:130). 그리스도인들은 세례를 통해 교회의 예배 생활에 가입한다. 일단 가입한 후에는, "마치 이집트 세라피스의 추종자들이 주 세라피스의 식탁으로 오는 것처럼," 그들은 제의 주인공을 기념하여 공동 식사에 참여한다(1970:131; 참조. 134). 이렇게 예수를 Kyrios로 강조하는 것은 바울과 더불어 생겨난 것이 아니라 공동체와 더불어 생겨났다. 이것은 헬레니즘 공동체의 제의 주인공에 대한 인식의 집단적인 표현이다. 바울이 이 표현을 사용하는 것은 단순히 이 공동체가 처음으로 예배에서 사용한 것을 넘겨받아서 그 위에 증축한 것이다(1970:146-47).

로마서 6장에서 그리스도인은 세례를 통해 그리스도와 동일시된다는 그의 견해에서 드러나는 바울의 "신비주의"도 그 기원을 기독교 공동체의 이전 신념에 두고 있다.

> 세례는 가입 행위로서 죽고 다시 살아나는 것이라는 신념이, 어느 정도 그리스도의 죽음 및 부활과 비슷한 것이라는 신념은 틀림없이 이미 존재했었다(1970:157; 참조. 194).

신비종교가 이 동일시 및 죽고 살아난다는 개념의 배경이었다(1970:188). 이 주장은 주의 만찬 의식에서 몸과 피를 먹고 마시는 것에도 유효하다. 그래서 헬라 기독교 공동체의 구성원들은 그리스도인이 되기 전에 거의 확실히 이런 저런 신비종교의 가입자들이었던 것으로 보인다. 그들은 개종할 때에, 신비종교 예배의 많은 측면을 기독교 예배로 가져왔고, 신비종교 추종자들의 모델을 따라서 새로운 공동체를 주조했다.

부세트는 바울이 이 신비종교의 측면들을 단순히 헬라 교회를 통해 전해진 그대로 넘겨 받았다고 보지 않는다. 오히려 바울은 신비종교의 많은 사상과 실행을 자신의 고유한 그리스도 사건 이해에 비추어서 개정했다. 그럼에도 불구하고, 많은 근본 사상이 기독교 공동체, 예배, 신념의 기초로서 바울의 편지들에 남아있고(1970:167), 헬라 기독교 공동체의 실제적인 실행에서 주를 이루고 있다(1970:210).

부세트와 비슷하게, 『동시대 환경 속의 원시 기독교』(*Primitive Christianity in its Contemporary Setting*, 1949, 영역본 1956)에서[15] **루돌프 불트만**(Rudolf Bultmann)은 헬라 교회는 팔레스타인 교회와 아무 관계없이, 심지어 바울의 선교 활동 이전에 독자적으로 발전했다고 주장했다. 헬레니즘의 영향 아래 또 바울의 영향 아래, 헬라 기독교는 혼합주의적 종교가 되었다(1956:177). 바울의 사상과 실행의 많은 요소들은 분명히 구약성경에서 유래한다. 하지만 다른 측면들은 다른 데서 차용된다. 특히 그리스도인의 자유 사상은 스토아 철학에서(1956:185), 또 특히 이 세상에서의 인간의 상태와 하나님의 초월에 대한 바울의 이해는 영지주의에서 유래한다(1956:189-95).

헬라 교회가 특히 바울이 예수의 구속적 중요성을 기술하려고 시도했을 때에 그들은 신비종교에서 파생된 용어를 사용했다(1956:196).[16] 예수 자신은 신비종교의 신으로 여겨지고, 공동체에 가입한 사람들은

---

15) 이것은 *Das Urchristentum in Rahmen der Antiken Religioner*(Zürich: Artemis, 1949)의 영역본이다.
16) Bultmann은 예수 자신의 사역이 영지주의의 구원자 신화와 비슷하게 받아들여졌다고 주장한다. 그의 제안에 의하면 바울은 유대교(롬 3:25), 신비종교(롬 6:2-11), 영지주의(고후 5:17; 1956:197을 보라)의 개념을 사용하여 예수의 죽음과 부활을 다양하게 묘사할 수 있었다.

세례와 주의 만찬이라는 성례를 통해 예수의 죽음과 부활에 참여한다 (1956:177, 196). 비록 바울 자신도 이 성례 이해에 자신의 독특한 각인을 남긴 것으로 보이더라도 이 성례들은 신비종교로부터 헬라 교회로 유입되었다(세례에 대한 자세한 것을 위해서는 Bultmann 1952:140-44와 311-13을 보고, 주의 만찬에 대한 자세한 것을 위해서는 1952:148-51과 313-14를 보라). 이 유입은 불트만이 헬라 교회의 특성을 어떻게 생각하느냐를 이해하는 데에 중요하다. 이미 그는 그리스도인들을 "종말론적 공동체" 안에 확고히 세우는 것은 바로 세례와 주의 만찬이라는 성례라고 제안했다(1956:187; 참조. 203). 이 성례들은 주로 신비종교에서 유래하기 때문에 바울의 교회는 (신학은 아니더라도 외양은) 틀림없이 상당히 신비종교 제의처럼 보였을 것이다. 불트만의 해석의 많은 요점은 여러가지 문제가 있다.

첫째, 헬라 교회와 팔레스타인 교회를 철저하게 구분하는 것에 거듭 이의가 제기되었다. 초기 "기독교들"에 대해 훨씬 더 미묘한 차이가 있는 견해가 요구된다.

둘째, 불트만의 신비종교 기술은 기껏해야 피상적이다. 비록 그가 각 신비종교 사이의 차이를 인정하더라도 신비종교들의 신념과 실행을 약술할 때에는 그들을 하나로 융합하려는 경향이 있다. 또한 개별 신비종교에 대한 그의 착상도 이제는 시대에 뒤처지고 완전히 틀린 것으로 분명하게 인식되고 있다(이것은 특히 그의 미트라 묘사에 해당된다).[17]

---

17) 우리의 신비종교 이해의 발전은 (실제 모임 장소의 발견을 포함하는) 고고학적 발견과 새로운 문학적 본문의 복구를 통해 이루어져왔다. 다른 본문들은 재평가되고 재해석되어왔다. 그럼에도 불구하고, 신비종교의 실제 의식에서 무슨 일이 일어났는지는 여전히 수수께끼로 남아있다(Wiens 1980:1225).

2) 이 유비의 반대자들

전체적으로 보면 종교사학파는 20세기 초반 이래로 많은 지지자들을 유지하지 못했다. 사실 그들의 접근 방식은 처음부터 반대를 받았고 대부분의 신약학자들 사이에서 오랫동안 평판이 좋지 않았다. 아래에서 살펴보게 되듯이 많은 영향력 있는 학자들이 기독교가 신비종교로부터 차용했을 가능성에 대해 반대하는 목소리를 높였다. 하지만 이 운동은 "우리로 하여금 기독교가 자리를 잡고 번창한 더 넓은 문화적 배경을 필연적으로 더 인식하게 만들었고," 문화적 배경이 사람들이나 제도들에 영향을 끼치지 않는 것은 불가능하다는 점을 우리에게 상기시켜 주었다는 것을 강조할 필요가 있다(Wiens 1980:1258). 이것은 신비종교가 바울과 그의 교회에게 영향을 주었을 가능성에 대해 훨씬 더 미묘한 차이가 있는 탐구로 이어졌다. 우리는 종교사학파를 비판하는 사람들의 평가를 요약한 후에 이 문제로 되돌아올 것이다.

독특하게 박식한 **노크**(A. D. Nock)는 신비종교가 기독교 성례에 영향을 주었다는 견해를 일축한다. "우리가 기독교 성례라고 부르는 것이 그 기원을 이교의 신비종교에 또는 그것에 근거를 둔 형이상학적 개념에 빚지고 있다는 견해는 언어학적 증거라는 바위 위에서 산산조각이 난다"(1972c:829).[18] 그의 제안에 의하면 신비종교의 가입 의식에서 씻는 것은 세례와 같은 것이 아니라 단지 예비적인 단계였고 식사는 그저 아무런 특별한 함축도 없는 식사였다. 단 하나의 예외가 미트라 신

---

18) Nock의 많은 에세이들이 수집되어서 두 권짜리 연구서로 출판되었다. 이 연구서가 대부분의 학생들이 가장 쉽게 접할 수 있는 책이기 때문에 우리는 이 거대한 연구서에 들어있는 에세이들의 페이지를 언급했다.

비종교이지만 노크는 이 신비종교가 초기 기독교에 영향을 주기에는 너무 후대의 것이기 때문에 무시해 버린다(1972c:810).

노크는 신비종교가 바울 공동체 형성에 직접적인 영향을 주었다는 것을 분명하게 거부한다(참조. 1972a:72). 사실 노크는 신비종교에서 유래한 그 어떤 독특한 용어도 바울에게 (또 좀 더 보편적으로 신약성경에) 나타나지 않는다고 지적한다(1972c:809-10; 1972e:341-44).[19]

과거에는 "신비종교" 용어로 지명되었던 것이 실제로는 그 시대에 살던 모든 사람들이 사용할 수 있었던 좀 더 넓은 헬레니즘 종교 어휘의 일부였다(1972e:343-44).[20]

노크가 1952년에 "내가 오해하는 것이 아니라면 학자들의 의견은 내가 윤곽을 제시한 입장과 같은 방향으로 나아가고 있다"고 말했을 때에 그는 옳았다(1972c:819).[21] 10년 이내에 **귄터 바그너**(Günther Wagner)는 『바울의 세례와 이교의 신비종교』(*Pauline Baptism and the Pagan Mysteries*, 1962, 영역본 1967)를 출판했다.[22] 이 책에서 그는 신비종교와 용어를 "세계적으로" 이해하는 종교사학파의 접근 방식을 거부했다.[23]

---

19) 또 Kennedy 1913 특히 115-98을 보라. Kennedy는 바울의 언어의 가장 명백한 배경을 구약성경에서 찾는다(1913:154-55). Hugo Rahner(1963)는 바울의 언어가 신비종교의 영향을 받지 않았다는 데에 동의한다. 비록 그가 신비종교와의 일반적인 용어상의 유사점은 인정하더라도 말이다.

20) 하지만 Nock가 바울은 이교사상을 단지 아주 일반적인 방식으로만 알고 있었다고 또 바울이 이교사상에서 나온 개념을 사용할 수 있는 가능한 방도가 없었다고 주장할 때에 그는 십중팔구 과장하고 있다(1972d:930에 응답하는 Malherbe 1989a:13).

21) Nock의 입장은 보다 최근에 Jonathan Z. Smith에 의해 도전을 받았다. 그는 Nock의 연구에서 다수의 방법론적 결점과 변호적인 경향을 지적한다(Smith 1990:66-84).

22) 이것은 *Das religionsgeschichtliche Problem von Römer 6,1-11*(Abhandlungen zur Theologie des Alten und Neuen Testaments 39; Zürich: Zwingli, 1962)의 영역본이다.

23) Wagner 책의 첫 번째 부분은 종교사학파 실행자들에 의해 시도된 로마서 6장 이해에 대한 가장 포괄적인 개관들 가운데 하나를 제시한다.

로마서 6장과 그 배후에 있는 것으로 추정된 신비종교 모델을 검토하면서 그는 실제로 유사 자료를 갖고 있는 신비종교 제의는 없다는 것을 보여준다(1967:266). 바울의 견해는 신비종교의 그 어떤 영향과도 관계없이 독자적으로 발전되었다.

바그너의 책은 "이 세기 초 이후에 출판된 최상의 신비종교 연구서로 묘사되어" 왔다.[24] 하지만 보다 최근에 **웨더번**(A. J. M. Wedderburn)이 신비종교가 로마서 6장에 나오는 바울의 세례 언어에 영향을 주었을 가능성을 연구했는데 그는 바그너의 결론과 유사한 결론에 도달했다.[25] 웨더번은 바울 공동체가 신비종교의 영향을 직접적으로 받았다고 생각하지 않는다고 분명하게 밝힌다(1983:337; 1987a:396). 그는 신비종교에 가입한 사람들은 죽고 다시 살아나는 신의 고통을 공유했다는 사상을 자세하게 살핀다. 이 사상은 바울이 그리스도인들은 세례를 통해 그리스도의 죽음과 부활에 참여한다고 말하는 것과 아주 유사하다(롬 6:1-11). 하지만 다양한 신비종교들에서 이 주제를 자세하게 검토해 보니까 이 사상을 뒷받침하는 증거는 거의 없는 것으로 밝혀졌다 (1987a:296-331과 1987b:57-71의 요약 형태를 보라).

웨더번은 바울의 세례 견해와 신비종교 사이의 유사성은 직접적인 의존에서가 아니라 보다 보편적으로 공유된 주변 환경에서 유래한다고 보는 쪽으로 더 기울어진다(1987a:393-94). 그의 제안에 의하면 그 영향은 거의 틀림없이 헬라 유대교를 통해 전달되었을 것이다 (1982:823, 828-29; 1983:337; 1987a:163). 실제로 그는 "바울의 그리스도

---

24) *Gnomon* 38(1966) 48에 나오는 C. Colpe를 인용하는 Wedderburn 1982:817.
25) Wedderburn은 Wagner 연구의 몇몇 측면에 비판적이다. 특히 Wagner는 로마서 6장을 논의할 때에 "바울이 기독교 전통을 사용하거나 수정하는 것을 허용하지 않는다"는 사실에 비판적이다(Wedderburn 1982:818).

와의 연합 교리를 그 당시의 신비종교 제의에서 파생된 것으로 해석하는 것"은 신약성경 연구에서 "막다른 골목"이라고 말한다(1987a:396).

브루스 메츠거(Bruce M. Metzger)는 그의 논문 "신비종교와 초기 기독교 연구 방법론"(Methodology in the Study of the Mystery Religion and Early Christianity, 1968)에서 기독교와 신비종교를 다룬 이 옛 연구들의 일부에 내재되어 있는 문제들을 평가한다. 겨우 24쪽 분량의 글에서 메츠거는 많은 중요한 이슈들을 강조하고 비교할 때에 고려해야 하는 방법론적 주의사항을 제시한다.[26] 비록 신비종교가 초기 기독교에 끼친 영향의 문제를 연구하는 사람이라면 모두 메츠거의 논문을 직접 읽는 것이 좋지만 여기서 그의 방법론적 경고를 요약하는 것도 가치 있는 일이다.[27]

① 신비종교의 의식과 실행이 콘스탄티누스 이후의 교회에 영향을 주었다는 증거가 약간 있다. 예를 들어, 신비종교와 관련 있는 많은 영웅 숭배 장소들이 성인 숭배 장소로 넘어갔다. 질병 치료를 위해 교회 건물 안에서 유숙하는 관습은 아스클레피오스 제의에서 유숙하는 관습과 유사했다. 하지만 단순하게 이와 똑같은 영향이 콘스탄티누스 이전의 시대에도 있었다고 생각할 수는 없다.

② 우리는 신비종교의 증거가 기껏해야 얼마 되지 않는다는 것을 인정해야 한다. 이 증거의 연대는 종종 주후 3세기부터 5세기에 걸쳐있고

---

26) 훨씬 더 철저하고 최신적인 책은, 내 생각에 훨씬 더 유익한 책은 Jonathan Z. Smith의 *Drudgery Divine*(1990)이다. 하지만 Smith의 방법론적 숙고는 우리의 전체 프로젝트에 중요한 함축을 갖고 있다. 그래서 우리는 그의 책을 결론에서 요약할 것이다.
27) Metzger는 도전을 받아왔다. 가장 최근에는 (또 가장 효과적으로) Smith 1990:48-50의 도전을 받았다.

다양한 지리적 장소에서 나온다. 이 동일한 신념과 실행이 초기 기독교 시대에도 있었다고 생각할 수는 없다.

③ 혼합주의에 비관용적이고 엄격하게 유일신론적인 유대인들로 이루어진 팔레스타인 교회의 구성 때문에 교회는 이교 제의에서 차용하는 것을 상당히 주저했을 것이다.

④ 가장 초기 기독교 공동체들이 있었던 팔레스타인이 신비종교와 관련된 고고학적 자료를 가장 적게 제공한다.

⑤ 몇몇 유사점이 존재하는 것은 분명하지만 그것이 반드시 기독교가 신비종교에 의존한다고 암시하는 것은 아니다. 실제로 유사점은 세밀하게 평가될 필요가 있다. 왜냐하면 때로는 학자(예를 들어, 위의 루아지)에 의해 만들어지기도 하기 때문이다. 유사점이 진짜인 곳에서는 계통보다는 비슷한 환경 때문에, 단순히 유사한 것일 수도 있다. 심지어 유사점이 계통적인 곳에서도, 신비종교가 기독교에 의해 영향을 받은 경우일 수도 있다.

⑥ 이 유사점에도 불구하고 기독교와 신비종교 사이에 있는 언어와 사상의 차이가 서로의 독립성을 암시한다. 예를 들어, 신비종교의 많은 주요 단어들이 기독교에서는 사용되지 않는다. 기독교는 신화적인 존재가 아니라 역사적인 인물에 근거를 두고 기독교는 비밀에 둘러싸여 있지 않고 단순하고 개방적이다. 세례와 성찬 의식은 그 본질적인 구성 요소에 있어서 신비종교의 의식과 아주 다르고, 예수의 죽음과 부활은 실제로 이교 신의 죽음 및 살아나는 것과 다르다.

메츠거의 모든 방법론적 고려를 동등하게 평가해야 하는 것은 아니다. 예를 들어, ③번에서 메츠거는 유대인들의 혼합주의 혐오를 가정하는데 실제로는—최소한 모든 유대인들이—그랬던 것 같지 않다. 1세기 유대교의 몇몇 측면은 몇몇 헬라 관습의 차용을 반영하고 최소한 몇몇 유대인들은 비유대교적 종교 관습에 참여하는 것을 편안하게 여겼던 것으로 보인다(Borgen 1995를 보라). 이 외에도 메츠거가 ⑥번에서 기독교에 대해 주장하는 많은 가정에도 의문을 제기할 수 있다. 유사성이 혈통적인 연결을 뜻한다는 그의 추정(과거의 저자들에게도 적용된다)을 굳이 제기될 필요가 없다. 유사 비교는 정말로 유용한 것으로 증명될 수 있다. 하지만 종합적으로 보면, 메츠거가 고대 현상을 조사할 때에 적절하게 주의하라고 주장하는 것은 맞는 말이다. 학문 연구에서 주의하는 것은 언제나 사려 깊은 일이다.

3) 새 옹호자들

신비종교가 초기 기독교에 미친 영향을 다룬 글들을 평가하는 1980년의 논문에서 **데본 윈스**(Devon H. Wiens)는 언어학적 "평행"이 "설득력이 없기" 때문에 또 "명백한 접촉이 부족하기" 때문에 유대교 지향적인 바울을 지지하는 쪽으로 흐름이 바뀌었고 "바울 사상은 그의 유대 배경을 기초로 하여 더 잘 설명될 수 있다"고 기록한다(Wiens 1980:1263).

이것은 바울교회의 회당 배경을 조사하는 학자들의 저작에서 확실하게 드러난다(제1장). 하지만 1980년대에는 바울과 그 당시의 철학학파와의 유사성에 대한 관심이 되살아났고(제2장에서 살펴보았듯이) 지금 1990년대에는 자발적 단체에 대한 관심이 점증하고 있다. 윈스의 선언은 시기상조였던 것 같다. 실제로 소수의 학자들은 바울교회 형성에 대한 강력한 설명을 여전히 신비종교에서 찾고 있다. 하지만 이 학자

들은 과거보다 훨씬 더 엄격한 방법론을 사용하여 연구하는 경향을 보인다.[28]

하워드 티플(Howard M. Teeple)이 1992년에 출판한 책인 『기독교는 정말로 어떻게 시작되었는가?』(*How Did Christianity Really Begin?*)는 이 방법론적 엄격성을 지키지 않는 예외적인 경우이다. 이 책은 여러 가지 면에서 옛 종교사학파로의 회귀를 보여준다. 티플의 관심은 기독교는 그 어떤 독창적인 내용도 가지고 있지 않았고 모든 사상과 실행을 다른 종교들에서, 특히 유대교와 신비종교에서 가져왔다는 것을 보여주는 것이다. 팔레스타인 교회와 헬라 교회를 날카롭게 구분하는 (지금은 의심을 받는) 부세트와 불트만을 쫓아서 티플은 바울이 그의 세례 신학을 신비종교의 영향을 통해, 특히 미트라의 영향을 통해 전해 받은 후에 예수의 죽음과 부활에 비춰서 수정했다고 말한다(1992:198-201). 전체적으로 티플의 책은 성공적이지 못하다. 그의 주장은 근거가 빈약하고 그의 이차 자료 사용은 시대에 뒤떨어진다. 바울과 신비종교의 관계에 대한 훨씬 더 나은 연구가 최근에 이루어졌다.

그런 연구 중의 하나가 히암 마코비(Hyam Maccoby)의 『바울과 헬레니즘』(*Paul and Hellenism*, 1991)이다. 그는 바울의 구원 교리가 직접적으로든 논리적인 발전으로든 유대 자료에서 유래할 수 있다는 주장을 완전히 거부한다.[29] 그 대신에, 그는 바울은 영지주의와—더 중요하게는—신비종교의 영향을 받았다고 제안한다. 마코비는 바울의 구원 교

---

28) 기독교와 신비종교의 비교에 대한 광범위한 방법론적 고찰에 대해서는 Smith 1990을 보라. Smith의 연구는 바울과 신비종교를 완전히 새로운 접근방식으로 다룰 필요가 있다는 데에 주목한다(1990:143). 이 책의 결론에서 Smith에 대해 더 많이 언급하는 것을 보라.
29) 보다 이전의 책에서 Maccoby(1986)는 바울이 유대인과 바리새인으로 태어난 것이 아니라 사실은 유대교로 개종한 불안정한 개종자였다고 주장한다.

리가 여섯 요소를 포함하고 있다고 요약한다(1991:55).

① 인류의 절망적인 도덕 상태
② 사람의 몸을 입은 신적 구원자의 하강
③ 신적 구원자의 폭력적인 죽음
④ 십자가에서 죽은 구원자의 부활, 불멸, 신성
⑤ 그 효능을 믿는 사람들을 위해 신적 죽음에 의해서 발효된 대리적 속죄
⑥ 구원자에게 헌신하는 사람들에게 주어지는 부활과 불멸의 약속

마코비는 각 요소를 하나씩 차례대로 조사한다. 먼저 그는 사람의 상태에 관한 바울의 견해의 근거를 그 당시의 유대교에서 찾으려는 모든 노력은 실패한 것으로 증명되었음을 보여준다. 이것은 신적 구원자의 하강 개념에도 마찬가지이다. 헬라 세계, 특히 영지주의에 그런 존재가 있는데 마코비는 이 존재가 바울의 출처라고 시사한다. 신적 구원자의 **폭력적** 죽음에 대한 바울의 견해는 유대교에서도 영지주의에서도 아무런 유비가 없다. 마코비에 의하면 "만족스러운 유비는 오직 신비종교에서 발견될 수 있다"(1991:65). 여기서는 구원자 신의 폭력적 죽음이 종종 발견된다. 마코비는 이것을 디오니소스, 사라피스, 아도니스, 아티스, 오르페우스 같은 다양한 신비종교 존재들에서 예증한다. 그의 제안에 의하면 이 존재들은 모두 죽기 전에도 신의 특성을 어느 정도 가지고 있고 신으로 간주될 수 있다. 바울이 신비종교의 이 측면을 예수에게 부여한다. 그래서 영지주의와 신비종교가 합쳐진다.

한 인물의 부활, 불멸, 신성이라는 개념들의 기원은 다 신비종교에

제3장 고대 신비종교   113

서, 디오니소스, 아도니스, 바알, 사라피스 같은 "죽고 살아나는 신"에게서 발견된다. 이 개념들은 오직 신비종교를 통해 바울에게 전달된다. 왜냐하면 이것들은 몸의 신체성에 대한 영지주의 사상과 정반대이기 때문이다. 속죄는 신의 죽음에 의해서 발효된다는 사상도 역시 유대주의가 아니라 신비종교에 근거를 두고 있다. 속죄 사상이 유대교에서 발견되기도 하지만 이 속죄는 그의 죽음이 신의 분노를 막고 신자들의 죄를 정화하는 자발적인 사람의 희생을 통해서 이루어지지 않는다(1991:78). 끝으로 부활과 불멸의 개념은 영지주의와 신비종교를 통해 바울에게 전해졌다. 비록 마코비는 신비종교가 영지즈의에 영향을 주었다는 제안도 하지만 말이다(1991:83). 그래서 바울의 핵심적인 구원론적 관심은 신비종교와 (이차적으로는) 영지주의의 직접적인 영향으로 생겨났다. 유대교는 이 과정에서 아무런 역할도 하지 않았다.[30]

다음 장에서 마코비는 성찬은 바울과 더불어 생겨났고 그런 것으로서 "유대교의 키두쉬(*qiddush*)가 아니라 신비종교의 의식 식사"와 가장 비슷하다고 주장하면서 그의 논지를 계속해서 전개한다(1991:90). 신약학자들은 성찬의 기원에 대해 많은 연구를 했다. 그래서 마코비는 성찬을 유대 세계와 연결하는 증거를 반박하는 데에 많은 면(90-122쪽)을 할애한다. 바울이 묘사하는 성찬의 네 측면(고전 11:23-26)이 신비종교의 공동 식사(communion meals)와 가장 비슷한 것으로서 두드러진다. 바울이 이 의식에 사용하는 "주의 만찬"(*kyriakon depnon*)이라는 이름은 핵심적인 구원자를 "주"라고 부르고 칭하는 다른 제의들에서 사용하는 표현과 같다. 바울이 (유대교 식사의 포도주-빵의 순서를 뒤바꿈으로

---

[30] Maccoby는 계속해서 이것이 어떻게 바울이 기독교 반셈족주의의 근간이 되는 결과를 가져왔는지를 보여준다(1991:84-89). 기독교 반셈족주의가 그의 책의 일차적인 관심사이다.

씨) 빵을 강조하는 것은 농작물을 산출하는 땅의 비옥함을 가리키는 음식을 강조하는 신비종교와 비슷하다(예를 들어, 옥수수가 중심에 있는 엘레우시스 신비종교). "저녁 후에"라는 표현을 사용하면서 바울은 포도주를 신비종교들의 일부 신들의 배후에 있는 프리올림픽 신인 아가토스 다이몬(agathos daimon)을 축하하는 이교 관습과 연결하고 있는 것일 수도 있다(1991:124). 끝으로 마코비에 의하면 가장 중요한 것이다. 참여자는 빵과 포도주에 참여할 때에 실제로 신의 몸과 피를 취한다는 사상은 (피를 마시는 것이 금지되어 있는) 유대교보다는 신비종교에 근거를 두고 있다. 그렇게 함으로써 신자는 신과 신비적인 공동체를 이루고 그의 불멸을 공유하게 된다고 여겨진다.

간단한 후기에서 마코비는 바울 세례의 최상의 유비는 유대교의 정결 사상이 아니라 신비종교의 일회적인 가입 의식이라고 제안한다. 마코비의 연구는 논란거리라고 말하는 것이 가장 좋을 것이다. 그의 결론은 널리 인정받지 못했다.

보다 이전의 연구에서 **한스 디터 베츠**(Hans Dieter Betz, 1968)는 로마의 산타 프리스카 교회 아래에서 발견된 미트라 성소에서 출토된 미트라 비문들과 신약성경 사이에 있는 많은 비교점을 지적했다. 비록 이 비문들이 신약성경 본문들보다 더 후대의 것이더라도 베츠의 제안에 의하면 제의 자료로서 이 비문들은 더 오래된 전통들로 거슬러 올라가고 따라서 1세기 기독교와 동시대적이거나 이보다 더 이른 시대의 것이어야 한다. 베츠의 관심은 한 종교 그룹이 다른 종교 그룹에 직접적으로 의존하는 것을 보여주려는 것이 아니다. 하지만 형태와 개념을 비교하면 우리는 헬라 신비종교 제의 사상의 구조를 초기 기독교에서뿐만 아니라 미트라 종교에서도 더 잘 이해하게 될 것이다(1968:64).

비록 미트라 비문들이 라틴어로 기록되었더라도, 거기에 표현되어 있는 사상들은 많은 바울 언어와 유사하다.[31] 예를 들어, 제1열에 나오는 세상의 요소(the elements of the world)에 대한 언급—"모든 것을 생산하는 비옥한 땅 팔레스"—은 (골로새서와 요한계시록뿐만 아니라) 갈라디아서 4:8에도 나오는 세상 요소를 숭배하는 것에 대한 반박과 유사하다. 바울의 반박은 기독교 그룹 내에서도 일부 구성원들이 세상의 요소를 숭배하는 것이 최소한 상상 가능한 일이었다는 것을 보여준다. 비문들의 제4열에 나오는 미트라의 화살을 맞고 바위에서 흘러나오는 샘에 대한 찬양적인 언급은 고린도전서 10장에 나오는 광야에서 이스라엘 민족에게 물을 공급해준 반석인 그리스도에 대한 바울의 논의와 비슷하다. 비록 이 논의의 직접적인 대상물은 구약성경과 이에 대한 헬라-유대 미드라쉬(참조. 필로)더라도 바울이 "이 미드라쉬를 신비종교 제의 사상의 전형적인 방식으로 해석한" 것은 분명하다(1968:67).

제7열에 나오는 황소를 어깨에 메고 (그 황소를 죽일 동굴로) 옮기는 미트라에 대한 시적인 언급은 "예수의 죽음"(고후 4:10; 갈 6:17)이나 다른 사람들 또는 자신의 짐(롬 15:1; 갈 6:2, 5)을 지는 것에 대한 권고적인 해석과 비슷하게 들린다. 제10열에 나오는 이 세상의 걱정에 대한 관심은 바울의 편지들에 나오는 그와 같은 관심과 공명한다. 제11열은 "경건하게 다시 태어난" 사람에게 대해 언급하는데 이것은 바울이 그리스도인을 새로운 피조물로 언급하는 것(고전 5:17; 갈 6:15)과 아주 비슷하다. 어려운 때를 함께 견뎌내라는 권면은 비문들의 제12열과 바울 서신의 도처에서 발견된다. "당신은 영원한 피를 흘리신 후에 우리를 구

---

31) Betz는 보다 광범위하게 신약성경의 본문들과 결합시킨다. 그러나 우리는 바울의 진짜 편지들의 본문들과 공명하는 저 비문들에 주목할 것이다.

원하셨습니다"라는 제14열의 신앙고백 문구는 로마서 3:25과 같은 초기 기독교 신앙고백과 아주 비슷하게 들린다.

이 모든 것이 미트라 신비종교와 바울 기독교 사이의 유사성을 나타낸다. 베츠는 이것을 공동체 형성과 직접적으로 연결하지는 않지만 이 양쪽 자료의 권면은 개인보다는 신자들의 공동체를 겨냥하고 있다고 지적함으로써 그것을 암시한다. 하지만 그는 초기 기독교 교회론의 "보편주의"가[32] 기독교를 미트라 제의의 자기 이해로부터 분리시켰다고 말한다(1968:74; 참조. Nock 1972b, 특히 458).

훨씬 이후의 연구에서(1995) 베츠는 로마서 6장에 제시된 바울의 세례 이해에 주목한다. 또 다시 그는 바울의 이해가 신비종교와 유사하다고 제안한다. 하지만 이번에는 이 둘을 더 직접적으로 연결한다. 베츠의 제안에 의하면 바울의 세례 이해는 원래 초기 교회의 팔레스타인 주변 환경을 통해, 특히 세례자 요한의 영향을 통해 전해졌다. 바울은 갈라디아서 3:26-28에서는 이전의 세례 문구를 인용하지만 고린도전서를 쓸 때에는 이 문구를 다르게 발전시킨다. 하지만 로마서 6:3-10에서 발견되는 그의 가장 완전한 세례 이해는 갈라디아서 3:26-28에 기초를 둔 그렇지만 상당히 발전된(1995:107-8) "새로운 종류의 세례 신학을 제시한다"(1995:86).

이방인 기독교 그룹의 창설자로서[33] 바울은 "팔레스타인 기독교의

---

32) 즉 기독교는 자신이 생겨난 유대교의 민족적 경계를 초월한다는 것이다. Nock 1972a:70-71을 참조하라.
33) Betz는 바울이 창설자라는 주장을 지지하는 충분한 증거를 제공한다. 그 중에는 헬라 시대의 예들도 많이 포함된다. 흥미롭게도 그는 바울교회가 종교 단체로(1995:88-89) 또는 우리가 자발적 단체라고 명명한 것으로 설립되었다고 제안한다. 하지만 그는 재빨리 넘어가서, 창설 이후에 교회 공동체의 집을 짓는 훨씬 더 긴 과정이 있었다고 제안한다(1995:89). 바로 이 후자의 측면과 관련해서, Betz는 신비종교의 영향을 인정한다.

전통, 의식, 조직"에 상당한 변화를 초래한 책임이 있는 주요 인물들 중의 하나였다(1995:100). 그래서 로마서 6장에서 바울은 세례를 기독교 가입 의식으로 해석한다. 이 가입 의식은 많은 헬라 신비종교들에서 발견되는 가입 의식과 아주 비슷한 기능을 가지고 있다. 이 측면에서, 바울은 신비종교의 영향을 받았다.

신비종교를 바울 기독교 공동체의 유비로 보는 견해에 대한 비판을 고려하여 어떤 학자들은 신비종교와 바울 기독교 사이의 보다 제한된 접촉을 주장한다. 예를 들어, **칼 돈프리드**(Karl P. Donfried, 1985)는 데살로니가를 고찰하고 이 도시의 시민 역사와 종교 역사를 인식하는 것이 그곳에 있는 초기 기독교 공동체와 그곳으로 보낸 바울의 최초의 편지를 이해하는 데에 가장 중요한 출발점이 되어야 한다고 주장한다(1985:336-56).[34]

그 목적을 이루기 위해 돈프리드는 주후 1세기에 데살로니가에서 유행했던 신들-사라피스, 디오니소스, 카비루스, 토마 황제-을 조사한다. 이 논문의 도처에서 그는 바울이 이 편지를 쓸 때에 이 편지가 "권면적인 목적"에 기여하게 하기 위해 그의 용어를 얼마나 주의 깊게 선택했는지를 보여준다(1985:353). 바꾸어 말하자면 이 편지는 데살로니가인들의 도시에 팽배했던 신비종교 제의 및 왕정 신학의 (두말할 필요 없이 주로 그들의 과거에 형성된) 용어와 잘 공명했을 것이다. 하지만 바울이 이런 언어를 사용하는 것은 기독교를 신비종교 제의로 바꾸기 위해서가 아니라 데살로니가인들의 생활이 그리스도와 함께 사는 "새

---

34) Edson의 보다 이전의 연구를 참조하라(1940; 1948). 그는 바울의 편지들이나 초기 데살로니가교회는 언급하지 않으면서 데살로니가 제의를 다룬다. 보다 이후의 논문에서 Donfried는 데살로니가후서를 똑같은 방식으로 다룬다. 비록 그가 이 편지의 저술을 바울의 동료들 중의 한 명에게 돌리더라도 말이다. Donfried 1993.

로운 생활 관계"에서 얼마나 완전히 변화되었는지를 보여주기 위해서이다(1985:353). 그럼에도 불구하고 데살로니가 지역의 현상이 바울이 어떤 방식으로 기독교 공동체의 자기 정체성 형성을 도와줄지를 결정한다.

훨씬 더 철저한 연구서인 『데살로니가 서신』(The Thessalonian Correspondence, 1986)에서 **로버트 주위트**(Robert Jewett)도 데살로니가의 바울 공동체에 초점을 맞춘다. 이 데살로니가전후서에 대한 조사에서 주위트는 공동체 상황을 재구성하기 위해 수사학적 분석과 데살로니가의 정치, 경제, 사회, 종교적 배경에 대한 정보를 다 사용한다. 그는 바울의 편지들이 데살로니가 회중 구성원들로 하여금 천년왕국의 실제적인 도래를 선포하고 그에 맞게 행동하도록 야기한 "천년왕국적 급진주의"의 상황을 다룬다고 결론짓는다(1986:xiii). 박해가 시작되고 회중 구성원들이 죽게 됨으로써 이 천년왕국 신앙이 위축되는 것을 계기로 삼아 바울은 첫 번째 편지를 썼다. 하지만 이 위기를 다루면서 바울은 몇몇 급진주의자들이 그들의 열광을 되살려서 반도덕적인 행동과 주의 날이 이미 이르렀다고 선언하는 데까지 나아가게 되는 빌미를 제공했다. 바울은 이 상황을 진정시키기 위해 데살로니가후서를 보냈다.

주위트는 카비루스 신비종교 제의가 데살로니가 교회의 발전에 영향을 주었다고 제안한다. 카비루스라는 인물은 그리스도라는 인물과 비슷했다. 둘 다 순교자의 죽음을 겪었고 둘 다 육체적으로 귀환할 것이라고 기대되었다. 카비루스 제의는 바울이 데살로니가에 머물던 때에 그곳에서 가장 중요한 종교 제의였다. 비록 이 제의가 원래는 하층 계급에서 인기가 아주 많았더라도 바울 시대에는 확고하게 도시 행정 장관의 권한 하에 놓여 있었다. 이것이 보다 가난한 노동자들로 하여금 그리스도를 잘 받아들이게 했다(1986:165). 이 노동자들은 노동을 거부하고 성적으로 문란한 생활을 하였고 공동체 지도자들을 인정하지 않는 천년왕국적 급진주의자들이 되었다. 이 모든 것은 재림을 준비하는 것이었고 그들은 이 재림을 이미 열광적인 활동에서 경험하고 있었다. 바울이 기대했던 카비루스 제사장의 역할을 수행하는 데에 실패하자 이 급진주의자들은 회중 앞에서 그를 조소했다. 바울은 이 그룹은 아탁토이(*ataktoi*("반역자들"))라고 부르고 그들을 다스려서 다시 묵시적인 미래에 적합한 행동 양식을 재건하려는 시도를 한다.

비록 카비루스 제의가 데살로니가 기독교 발전에 영향을 주었다는 그의 추청은 더 많은 근거를 필요로 한다는 말을 듣더라도 주위트의 연구는 긍정적인 평가를 받았다.[35] 수사학적 비평을 사용하여 데살로니가 그리스도인들에 대한 사전의 가정을 통제하려는 그의 시도에도 불구하고(1986:xiv) 주위트는 그의 연구에 선택적인 분석과 보증 없는 가정이 스며드는 것을 막을 수 없었다.[36]

4. 결론

전반적으로 보면 신비종교는 초기 기독교 이해에 아직 전체적으로 매우 유익한 것으로 증명되지 않은 것이 분명하다. 종교사학파가 학자들에게 신비종교의 영향을 확신시키는 데에 총체적으로 실패한 결과

---

35) Holand Hendrix, review, *JBL* 107(1988) 766; Steven J. Kraftchick, review, *Int* 42(1988) 412; S. C. Barton, review, *ExpTim* 99/3(1987) 90.

36) 상세한 내용을 위해서는 Hendrix 1988:764-65의 서평을 보라(Kraftchick의 서평 1988:411-12를 참조); 앞의 각주를 보라.

그들의 주장은 하찮은 것으로 여겨졌다.[37] 하지만 개별 신비종교의 개별 측면을 조사하고/조사하거나 그 연구를 특수한 장소의 종교 생활과 결합시킨 보다 최근의 연구는 보다 유익한 것으로 증명되었다. 여기서는 신비종교의 개념들이 바울 사상과 기독교 공동체 형성의 몇몇 측면을 (종교사학파의 광범위한 요구는 결코 해내지 못한 방식으로) 밝혀준다.

개리 리스(Gary Lease, 1980)는 훨씬 더 유익하다. 그는 신비종교가 바울 기독교에 상당한 영향을 주었다고 보는 사람들과 그 어떤 영향도 부인하는 사람들 사이에서 균형을 잡는다. 그의 지적에 의하면 신비종교와 형성되고 있는 중인 기독교가 공유한 세계 때문에 기독교와 다른 고대 후기 종교들 사이의 직접적이고 의식적인 상호 영향과 차용의 문제는 극도로 복잡하고 아마도 해결될 수 없는 문제가 된다(1980:1315). 그는 미트라 신비종교와 기독교가 교리(우주창조론, 구원중재자, 종말론), 기원(구원자의 출생, 동굴, 축하), 의식 실행(세례, 제의 식사, 정결, 거룩한 전쟁)의 영역에서 가지고 있는 몇몇 유사점을 간략하게 언급한다.[38] 그는 이 모든 경우에서 파생의 요소나 직접적인 영향을 확인하는 것은 쉽지 않다고 인정한다. 미트라 신비종교나 기독교가 상대 종교가 발전하고 소멸 또는 생존하는 데에 명백하고 직접적인 영향을 주었다는 것은 증명되지 않았다(1980:1329).

이 결론에 도달하면서 리스는 미트라 신비종교와 기독교가 공유한 문화적 배경을 지적한다. 일단 기독교가 팔레스타인을 떠난 후에 "고대 후기의 보다 광범위한 비유대적인 헬라 세계"와 마주치게 되었다

---

37) 예를 들어, Meeks(1983:74-84)는 교회 형성을 이해하는 데에 사용 가능한 모델들을 개관할 때에 그들을 포함시키지 않는다.
38) 그렇게 함으로써, 그는 조심스럽게 미트라 신비종교도 기독교와 마찬가지로 오랜 시간과 다양한 지역에서 서로 달랐다고 지적한다.

(1980:1328). 여기서 기독교는 그들의 조상들의 종교적 경험과는 다른 종교적 경험을 찾고 있던 사람들의 충성을 얻기 위해 (미트라 신비종교를 포함하여) 다른 종교들과 경쟁하게 되었다. 그들의 세계는 변했고 그와 더불어 그들의 종교적 바람도 변했다. 그 요동치는 시대에 많은 사람들은 대항할 수 없는 운명의 짐과 사람의 생활을 좌지우지하는 운명의 통제에서 벗어나려고 애를 썼다. 많은 사람들의 경우에 이것은 초월적인 존재와의 인격적이고 의식적인 대면에 대한 강조로 이어졌다 (1980:1309).

비슷한 언어, 신념, 실행을 사용하여 이런저런 관심사를 다루는 다양한 경쟁 종교 운동들이 있었다는 것에 놀라서는 안 된다. 어느 정도의 상호 영향은-의식적으로든 아니든-피하는 것이 거의 불가능했을 것이다. 우리는 이 관찰의 함축을 이 책의 결론에서 다시 다룰 것이다. 지금은 단순히 다음의 사항에 주목하고자 한다. 즉 이 경쟁 그룹들은 사람들의 어떤 필요를 다루었는지와 어떻게 다루었는지를 강조함으로써 초기 기독교를 훨씬 더 광범위하게 이해할 수 있는 길을 열어준다는 것이다. 비록 특정 사상과 실행의 "자료"에 대해 아무런 발전도 이루어지지 않았더라도 이런 연구는 훨씬 더 세밀한 초기 기독교 이해로 이어지게 될 것이다.

What Are They Saying About the Formation of Pauline Churches?

제4장

자발적 단체

1. 바울과 자발적 단체

사도행전 19:9에서 누가는 에베소에서 회당을 떠난 후에 두란노의 스콜레(*scholē*)에서 가르치는 바울을 언급한다. 보통은 이 스콜레를 강의실로 생각하고 그래서 바울이 유랑 철학자였다는 증거로 간주하는 반면에 아브라함 말허브(Abraham J. Malherbe)는 이 단어가 또한 조합 회관을 가리키는 일반적인 명칭이었다는 것을 고찰한다(Malherbe 1983:90). 또 이런 조합 회관의 이름은 종종 조합 후원자의 이름을 따서 지어졌다. 따라서 누가는 에베소의 초기교회를 두란노의 스콜레에서 모이는 조합으로 제시하는 것일 수도 있다. 에베스에 머무는 동안에 바울은 단지 가르치기만 한 것이 아니라 그의 직업에, 즉 천막제조업에 종사하기도 했다. 이것은 에베소교회의 핵을 이루었을 수 있는 노동자들과의 빈번한 접촉을 암시한다(Malherbe 1983:90-91).

"우리의 **시민권은** 하늘에 있다: 빌립보서 3:17-21의 의미"(*Our Politeuma is in Heaven*: The Meaning of Philippians 3:17-21, 1993)라는 제목의 짧은 연구에서 **웬디 코터**(Wendy Cotter)는 자발적 단체(the voluntary associations)가 빌립보인들에게 주는 바울의 경고를 해석하는 배경을 제공해준다고 주장한다. 자발적 단체는 종종 음식과 술에 대한 탐닉 및 성적 무절제 때문에 거부되었고 "그들의 신은 배요 그 영광은 그들의 부끄러움에 있고 땅의 일을 생각하는 자라"는 바울의 묘사에 확실히 부합된다. 빌립보 그리스도인들이 따르면 안 되는 것은 바로 이런 삶의 방식이다. 바울은 "우리의 폴리튜마(*politeuma*)는 하늘에 있다"고 제시함으로써 빌립보인들의 생활과 이 "적대자들"의 생활을 대조한다. 코터의 제안에 의하면 이 구절을 사용할 때에 바울은 빌립보인들은 미래의 더 큰 영광으로 부름 받았다는 것을 재확인하기 위해 그의 적대자들의 어휘를 차용해서 사용했다. (폴리튜마〈*politeuma*〉라는 단어 및 빌 1:27의 폴리튜에스타이〈*politeuesthai*〉라는 동사 형태의 사용과 더불어) 단체의 실제 행위에 대한 언급들과 (도시와 단체의 직무에서 유래한 직함 에피스코포이〈*episkopoi*〉와 디아코노이〈*diakonoi*〉, [빌 1:1]을 사용하는) 지도자들에 대한 언급들은 빌립보교회가 사용한 공동체 모델이 자발적 단체 모델이었음을 보여준다. 바울은 (비록 이 단체를 공동체 모델로 사용하더라도) 그들은 "정치 및 시민 단체의 전형적인 야심적이고 세속적인 행위"를 차용하면 안 된다고 경고하기 위해 그들에게 편지를 쓴다(1993:104).

1981년에 **바톤**(S. C. Barton)과 **호슬리**(G. H. R. Horsley)는 "헬라 제의 그룹과 신약성경의 교회"(A Hellenistic Cult Group and the New Testament Churches)라는 제목의 긴 분석적인 논문을 출판했다. 이 논문에서 그들은 필라델피아에서 나온 비문을 연구한다(*SIG*³ 985). 이 비문은 한

사적인 자발적 단체의 규정을 자세하게 알려준다. 이 분석에서 그들은 초기 기독교가, 특히 바울 기독교가 제의 그룹들과 필라델피아의 제의 그룹과 공유하는 몇몇 유사점을 지적한다. 기원의 측면을 살펴보면 두 그룹 형태 모두 "자발적인" 구성원들로 구성되었고 둘 다 그들의 설립을 사적인 계획에 의존했다. 또 둘 다 협력과 환대에, 특히 종교 모임을 위해 집을 개방하는 것에 의존했다. 또 둘 다 전통적인 제도에 대해 반신반의하던 시대에 안전과 구원을 제시했다. 신의 역할은 각 그룹에서 비슷하다. 필라델피아 비문을 보면 제우스 신이 클럽 설립자인 디오니시우스에게 나타나서 그에게 클럽 규정을 알려준다. 이와 마찬가지로 신약성경은 꿈과 예언을 통해 사람들에게 말씀하시는 하나님에 대한 언급으로 가득하다. 특히 이 새로운 운동이 로마 제국 도처로 확장되는 것과 관련해서 그렇다(예를 들어, 행 9:1-19; 10:1-48 16:9; 갈 2:2; 고후 12:1-4). 두 그룹 모두에서 신은 추종자들 사이에 도덕적 정결을 요구하고 만약 이것이 이루어지지 않으면 신의 제재가 있을 것이라고 위협한다. 두 그룹 모두 보통 오이코스(*oikos*〈집〉)라고 일컫는 사적인 모임 장소에서 모였다. 이 오이코스(*oikos*)는 대개 공동체 구성원의 소유였다 (고전 16:19; 롬 16:5; 몬 2; 골 4:15을 보라). 두 그룹 모두 정기적인 모임을 가졌고 해마다 특별한 기념일을 지켰다.

가장 중요한 비교 주제들 중의 하나는 구성원이다. 두 그룹 다 남자와 여자에게 열려있었고 사회 계층을 염두에 두지 않았다. 여자(와 노예)가 (공적 기관에서는 찾아볼 수 없을 정도로) 단체와 깊은 관련을 가졌던 것은 실제로 "그리스도인들이 모방하는 선례가 되었다"(1981:33). 또 두 그룹 다 구성원이 되는 조건으로서 (단체는 조건으로서 그리스도인들은 결과로서) 강한 도덕적 규범을 갖고 있었다. 특히 (개인의 생활보다는 그룹과 관계되는, 예를 들어, 환대) 성적 윤리와 사회적 악덕의 영역에서 그랬다. 그룹이 정한 기준에 미치지 못하면 구성원의 자격을 잃게 되었고 그룹에서 제명되었다. 두 그룹 모두 계급제도에 따른 차별은 거의 없었다. 두 그룹 다 "평등적이고 참여적"이었다(1981:38).

실제 행위의 측면을 살펴보면 바톤과 호슬리가 두 그룹 사이에서 발견하는 유일하게 의미 있는 유비는 종교적 목적을 위해 개인의 집(oikos)에서 모인 자발적인 모임이다. 그곳에서 이루어진 활동은 상당히 다르다(아래를 보라). 목표의 측면을 살펴보면 두 그룹 다 의식보다는 도덕에 관심이 많았다. 하지만 바톤과 호슬리의 견해에 의하면 기독교는 필라델피아 단체가 다가가는 것보다 철학학파에 더 가까이 다가간다. 그래서 그들이 기독교 그룹은 제의 단체와 철학학파의 결합체였다고 제안할 정도이다(Wilken 1971을 참조). 끝으로 단체와 기독교 그룹은 개인주의의 측면보다 공동체 생활의 공동 측면을 강조했다.

바톤과 호슬리는 다수의 중요한 차이점을 지적했다.

첫째, 제의 그룹은 지역에 한정되는 경향이 있었던 반면에 기독교는 그 범위가 보다 국제적이었다(1981:28). 그들은 기독교 그룹의 지역적 특성은 지역에 한정된 제의 그룹의 특성과 아주 비슷했다고 지적하면서도 기독교의 전 세계적인 연결을 강조한다.

둘째, 신은 두 그룹 다에 있었지만 기독교 그룹에서는 단체에서 표현되었던 것처럼 물리적으로 표현되지 않았다. 이것이 기독교 그룹에게 특이한 "비제의적인" 특성을 부여했다(1981:30).

셋째, 단체에서는 도덕성이 제의에 가입하기 위한 전제조건(또는 "조건")이었던 반면에 기독교 그룹에서는 도덕적 정결이 부활한 주 예수를 향한 믿음의 서약에 뒤따라오는 것이었다(그래서 이것은 "표식"이었다: 1981:30-31).

넷째, 기독교 모임은 필라델피아 단체의 모임보다 더 빈번했다. 매월이라기보다는 매주 또는 매일 모였다. 이외에도 기독교 그룹의 "능동적인 개종 활동"이 이 그룹과 "자발적 단체"를 서로 구분했다(1981:34).

두 그룹의 도덕적 규범에 유사성이 있음에도 불구하고 기독교 그룹은 도덕적 명령에서 보다 엄격해서 악덕의 억압뿐만 아니라 미덕의 표출도 강조했다(1981:37). 이와 더불어 몇몇 영적 은사들이 다른 은사들보다 더 높게 평가되었고 그래서 몇몇 사람들에게 다른 사람들보다 더 많은 존경이 주어지는 결과를 초래했다. 이것은 기독교 공동체가 의도하는 평등주의적 특성과 다소 모순이다. 두 그룹 사이의 여덟 번째 차이점은 초기 그리스도인들에게는 성상, 신비, 정화와 속죄, 희생제사가 별로 없었다는 것이다. 그 대신에 그들의 모임에는 기도, 찬양, 가르침, 공동 식사가 포함되어 있었다. 여러 가지 방식으로 기독교 그룹의 구성원의 지위는 외부인들과 비가입자들에게 훨씬 더 개방적이었다(1981:39). 끝으로 필라델피아의 제의 단체는 제우스로부터 이 세상에서의 구원을 추구했던 반면에 기독교 그룹은 오는 세상에서의 구원을 추구했다.

바톤과 호슬리는 기독교 교회와 자발적 단체를 비교하는 목적은 이 둘 사이의 유비를 찾아내는 것이라고 분명하게 밝히면서 직접적인 영향을 증명하기에는 증거가 충분하지 않다고 암시한다(1981:7). 그들이 지적하는 두 그룹 사이의 차이에도 불구하고 자발적 단체는 고대 기독교 그룹의 중요한 유비이고 계속 추적할 가치가 있다. 실제로 그들은 "바울의 공동체 사상이 필라델피아의 제의 그룹과 비슷한 사적인 제의 그룹의 구성원들에게 매력적이었을 것이다"고 제안하면서(1981:39) 바울교회는 이런 사람들로 형성되었을 것이라고 암시한다.

1. 자발적 단체의 특성과 범위

1) 묘사[1]

자발적 단체(a voluntary association)란 대체로 "한 남자[또는 여자]가 자신의 자유 의지로 그것에 합류하고, 그것은 자신의 자유 의지로 그 사람을 받아들이는 그룹"이라고 정의할 수 있을 것이다. "이 상호 수용은 둘 다에게 특정 의무를 부과한다"(Roberts, Skeat, Nock 1936:75; 참조. Meeks 1983:78). 이것은 "구성원, 지도자, 상호 교제에 대한 고유한 규칙을 갖고 있는 결속력 있는 그룹이었고 외부인들에 의해 이런 그룹으로 인식될 수 있었다"(Gaston 1993:85). 이런 단체는 일찍이 주전 5-4세기부터 로마 제국 시대까지 존재했다. 자발적 단체는 헬라 시대에 그 중요성이 커지기 시작했고 로마 제국 시대에 이르러서는 (그것을 억제하려는 당국의 시도에도 불구하고) 거의 모든 도시와 마을에 존재했던 것으로 확인된다.

자발적 단체에 대한 정보를 제공하는 우리의 일차 자료는 비문에서 나온다. 단체의 구성원 지위, 법령, 법규는 돌에 새겨서, 대중이 읽을 수 있도록 세워놓았다(참조. Schmeller 1995:24). 파피루스와는 달리, 이런 비문은 이전의 로마 제국 내내 풍화의 시간을 아주 잘 견뎌냈다.[2]

---

1) 더 자세한 개관을 위해서는 Kloppenborg 1996a나 Schmeller 1995:19-53을 보라.
2) 이집트의 경우에는, 단체에 대한 몇몇 증거가 파피루스에 남아있다. 이것은 비문 기록에서 제

고대에는 자발적 단체들을 가리키는 데에 오르게오네스(*orgeōnes*), 티아소스(*thiasos*), 데라노스(*deranos*) 등 많은 용어들이 사용되었다. 이 용어들은 원래 서로 다른 의미들을 갖고 있었지만, 이 미묘한 차이들은 시간이 지나면서 희미해지기 시작했다(Danker 1992:501을 보라; Tod 1932:74-75를 참조하라). 로마의 단체들은 일반적으로 콜레기아(*collegia*)라고 불렸다. 단체들 내지 그들의 구성원들에게 사용된 다른 헬라 용어들에는 에페보이(*ephēboi*), 네오이(*neoi*) 또는 네오테로이(*neōteroi*), 에클레시아(*ekklēsia*), 시나고그(*synagōguē*), 시노도스(*synodos*), 코이논(*koinon*)이 포함되고, 라틴 용어들로는 소달리타스(*sodalitas*), 프라트레스(*fratres*)가 있다.

사용된 그리고 사용 가능한 증거 형태가 결합된 용어들의 이 넓은 범위 때문에 다양한 형태의 단체들을 분명하게 구분하기는 힘들다(Kloppenborg 1996a:18). 이 단체들은 보통 세 개의 넓은 범주로 구분된다(Kloppenborg 1996a:18). 장례 단체(funerary associations)는 죽은 구성원들의 적합한 장례를 보장하기 위해 조직되었다. 그 대신에 구성원들은 가입비와 정기적인 세금을 냈고, 이 돈이 장례를 치르기 위해 다시 모아졌을 것이다. 비록 표면상으로는 오직 구성원들의 장례만을 위해 만들어진 단체들이 주후 2세기까지는 존재하지 않았다고 하더라도 많은 단체들이 이 시대 이전에도 구성원들의 적합한 장례를 치렀다(Kloppenborg 1996a:21). 종종 이런 장례 단체는 또한 구성원들이 정기적으로 만나서 연회를 즐기는 사교 클럽의 기능을 담당하기도 했다. 장례 단체의 또 다른 가지는 후원자가 자신이 죽은 후에 가족 무덤에서 자

시되는 것을, 즉 단체는 기록 보존과 서신 교환을 위해 다른 매체들도 사용했다는 것을 확인해준다. 유감스럽게도 그런 매체들은 시간의 흐름을 견뎌내지 못했다.

신의 기일을 기념하게 하려는 목적으로 창설하거나 기부한 단체였다.

종교 단체(religious associations)는 제의 행동과 특별 절기를 통해 특정 신이나 신들을 예배하는 데에 몰두했다. 이런 단체는 또한 공적 행진을 포함할 수도 있었다. 몇몇 단체들은 보통 공공 신전에서 예배와 관련하여 공적 기능을 수행했던 반면에 다른 단체들은 종종 개인 성소에서 모인 사적 단체였다(Roberts, Skeat, Nock 1936:75).

상인들이나 전문화된 노동자들에 의해 만들어진 직업 단체(professional associations)는 헬라 시대(Fisher 1988a:1195)와 로마 시대(Jones 1955, 특히 170-86) 둘 다에 존재했던 것으로 확인된다. 대외적인 상인들과 장인들의 큰 단체는 제국의 거의 모든 도시들에서, 특히 커다란 상업 중심지(예를 들어, 로마, 고린도, 에베소)에서 만들어졌다(Meeks 1983:32). 장인들은 대개 도시의 한 특정 구역에 살며 일했을 것이기 때문에 그들이 단체를 결성하기는 쉬웠을 것이다(Kloppenborg 1996a:24). 또한 디오니소스 예술가들의 직업 단체도 로마 제국 도처에서 번창했다.

비록 장례, 종교, 직업이라는 이 세 가지 일반적인 범주가 유익하더라도 이것들 사이에는 많은 교차점이 있었고 많은 단체들은 많은 다양한 방식으로 기능했다. 그래서 직업 상인 단체는 또한 특정 신을 예배하는 데에 몰두하기도 하고 구성원들의 장례를 치르기도 했을 것이다.

자발적 단체의 일차적 기능은 종교적이고 사회적이었다. 거의 모든 자발적 단체들은 신을 예배하는 데에 관심을 가졌고 그 신의 보호를 요청했다. 대부분은 완전히 사교적인 이유로 또는 신(들)에게 바친 희생제사와 관련하여 또는 죽은 구성원이나 후원자의 무덤에서 기념하는 것과 관련하여 공동 식사를 하기 위해 함께 모였다. 아주 적은 경우를 제외하면, 상인 단체조차도 노동 조건 개선이나 봉급 인상을 위해서라기보다는 예배와 상호 교제를 위해서 함께 모였다(Kolppenborg 1996a:19-20을 더 보라).

자발적 단체는 비교적 작은 그룹이었다. 비록 삼사백 명의 구성원들을 보유한 단체에 대한 증거와(McLean 1993:257) 심지어 천이백 명의 구성원들을 보유한 어떤 단체에 대한 증거가 있더라도(Kloppenborg 1996a:30, 각주 64) 구성원들이 백 명 이상인 단체는 아주 드물었다. 또한 어떤 단체가 열 명 미만의 구성원들을 보유하는 것도 드문 일이었다. 단체는 보통 스무 명에서 쉰 명 사이의 구성원들을 보유했다(Schmeller 1995:40을 참조).

비록 몇몇 구성원들은 분명히 사회의 상류계층에 속해 있었더라도 대부분의 단체들은 "도시 빈민들, 노예들, 자유민들로 구성되었다"(Kloppenborg 1996a:23). 여성도 몇몇 단체들에서는 동등한 구성원으로 인정받았던 것으로 확인된다. 하지만 직업 단체의 구성원들은 오히려 성별에 따라 구분되었던 것으로 보인다. 모든 남성 직업 단체들은 남성이 지배적인 직업들과 연관되었고, 모든 여성 단체들은 여성이 지배적인 직업들과 연관되었다(Whelan 1993:75-76과 각주 20-23; Kloppenborg 1996a:25를 보라).

후원자는 자발적 단체에서 중요한 역할을 감당했다.[3] 자신이 존립할 수 있게 해주고 연회와 축제를 열 수 있게 해준 대규모의 재정 후원에 대한 답례로, 자발적 단체는 후원자에게 공개적으로 경의를 표했다. 단체의 후원자는 남성일 수도 있었고 여성일 수도 있었다. 때로

---

3) 고대의 후원에 대한 전반적인 정보를 위해서는 Garnsey and Saller 1987:148-59를 보라. 후원의 실행을 증언해주는 비문들(자발적 단체의 몇몇 비문들도 포함되어 있다)에 대한 대규모의 번역 수집을 위해서는 Danker 1982를 보라.

는 가족 전체일 수도 있었다.[4] 종종 하나의 단체가 다수의 후원자들을 갖거나 한 명의 후원자가 동시에 다수의 단체들을 후원할 수 있었다 (Schmeller 1995:33).

슈멜러의 제안에 의하면(1995:35) 후원자는 사실은 단체의 구성원이 아니라 단순히 "명예 회장"이었고 회합에 참석하지 않았고 직접 그룹을 통제하지 않았고 돈의 사용에 어떤 제약도 두지 않았다. 하지만 많은 비문들은 이 주장을 반박하면서 (비록 항상은 아니더라도) 종종 후원자는 회장으로 활동했고 모임에서 능동적이었다고 말한다. 후원자는 또한 (특히 유언에 의해 설립된 재단에서는) 기금을 어떻게 지출할지를 결정할 수 있었고 나아가 (종종 자신의 대가족 구성원들 중에서) 일부 담당자를 지명할 수도 있었다.

단체들에는 일반적으로 담당자들이 있었고 직원들에게 직함을 부여하는 일에 "긍정적인 풍요"가 있었다(Meeks 1983:134). 종종 이 담당자들은 도시 공무원들의 직함과 기능을 모방했다(Meeks 1983:31, 134). 담당자들은 희생제사, 연회와 축제(사제, 여성 사제), 돈의 모금과 지출 (회계), 모임의 회집과 주관(회장)에 대한 책임을 맡고 있었다. 단체의 구성원들이 한 사람을 이 자리 중의 하나에 선출하거나 어떤 경우에는 최고액을 제시한 입후보자가 이 자리를 사들였을 것이다. 어느 쪽이던 간에 이런 자리에서의 활동은 종종 적잖은 재정 부담을 동반했을 수 있다. 왜냐하면 담당자가 필수적인 의무를 수행할 때에, 그는 자기의 돈을 사용하라는 요구를 받았기 때문이다. 물론 그 대가로 담당자는 단체 구성원들에게 다양한 존경(동상, 왕관, 선포, 비문)을 받았다.

---

4) 여성 후원자에 대해서는 Whelan 1993:76-77; Kloppenborg 1996a:25를 보라. 참조. Meeks 1980:117.

많은 단체들 내부에는 위계와 평등이 병존했다(참조. Schmeller 1995:42). 위계는 창설자와 단체의 담당자들 사이에 존재했다. 그들 중에 많은 사람들은 희생제물에서 일반 구성원들보다 더 큰 몫의 고기를 받았다. 하지만 구성원들 가운데서는 시민과 비시민, 주인과 종, 남자와 여자, 부자와 빈자를 발견하는 것이 보통이었다. 이들은 모두 한 단체에서 함께 교제했다. 직업/상인 단체가 가장 사회적으로 동질적이었을 것이다(Schmeller 1995:49). 다른 단체 형태들은 보다 덜 동질적이었다.

단체에 소속된 사람에게는 많은 혜택이 있었다. 많은 사람들이 (주로 군대 복무나 장사 때문에) 가족, 친구, 고국이라는 전통적인 안전 보장 장치에서 축출된 시대에, 단체의 구성원이라는 지위는 사람들에게 소속감을 주었다(Kloppenborg 1996a:17-18). 단체의 구성원이 됨으로 인해 삶은 보다 즐거운 것이 될 수 있었다. 많은 단체들은 또한 보다 큰 사회 안에서 사회적 지원망을 제공해주었다. 몇몇 그룹들은 어려운 시기를 만난 구성원들에게 기부하기도 했다(참조. Renan 1866:281). 하지만 구성원이 아닌 가난한 사람들에게 기부하는 단체에 대한 증거는 거의 없다(Danker 1992:502). 구성원이 죽으면 그의 죽음을 해마다 기리는 가능성과 더불어 합당한 장례를 보장하는 분명한 혜택이 있다. 끝으로 단체에 참여하면 도시(*polis*)의 조직 구조 복제를 통해 존경, 명성, 권위를 얻게 해주었다. 그래서 어떤 사람은 "그가 또는 그녀가 단체 밖에서는 결코 바랄 수 없었던" 지위에까지 도달할 수 있었다(Kloppenborg 1996a:18).

2) 전파[5]

자발적 단체를 설립하고 전파하는 많은 방법들을 보여주는 증거가 고대 도처에 있었다. 여기서는 단순히 단체가 설립되는 과정의 일부를 강조할 것이다. 이 과정은 나중에 비문들에서 언급되었다. 이 과정에는 개인들(유언으로 재단을 설립하는 것을 포함하여), 상인들, 신들(꿈과 환상, 신탁)이 취한 행동들이 포함된다.

사적인 자발적 단체는 많은 목적을 위해 개인들에 의해 설립될 수 있었다. 비록 그 주요 목적은 제의 의식-특히 장례 의식-실행과 사교 모임이었던 것으로 보이지만 말이다. 대개 한 사람이 다른 사람들에게 단체를 설립하자고 권하거나 많은 사람들이 단체를 설립하기로 집단적으로 결정했을 것이다(Liebenam 1890:169; Waltzing 1895:337). 그런 단체의 이름은 종종 창설자의 이름을 따라 지어졌다.

지역의 사적 단체는 또한 사라피스와 이시스의 제의 단체와 같은 더 큰 제의 단체로부터 설립될 수도 있었다. 데살로니가의 한 비문은 그 제의가 어떻게 작은 마을에 전래되었고 첫 번째 여사제가 된 여자의 집에서 자리를 잡았는지를 기록하고 있다. 머잖아 그 단체는 더 광범위한 그룹의 추종자들에게 개방되었다(*IG* X/2 255를 보라). 이 경우에서처럼 단체의 후원자 신은 종종 자발적 단체의 설립, 성장, 발전에 관여했는데, 특히 꿈, 환상, 신탁을 사용하여 관여했다. 종종 개인이 고인을

---

5) 다음은 곧 John S. Kloppenborg와 Bradley H. McLean에 의해 편집 출판될 예정인, 임시로 『제의 그룹, 조합, 콜레기아: 그리스-로마 세계의 단체』(*Cultic Groups, Guilds, and Collegia: Associations in the Greco-Roman World*)라고 명명한 두 권짜리 저작에 내가 기고한 장인 "단체의 형성과 전파"(Formation and Propagation of Associations)를 요약한 것이다.

기념하여 의식을 행하도록 특정 단체에게 기부하겠다는 합법적인 유언장을 작성했을 것이다. 어떤 경우에는 이미 존재하는 단체에게도 기부되었지만 아주 자주 새로운 단체가 설립되었다.

특정 교역에 관심 있는 단체는 그 교역에 종사하는 사람들이 특정 지역에 충분히 살고 있을 때에 그 지역에 설립될 수 있었다. 단체 설립으로 이어지는 또 하나의 공통성은 민족적 배경이었다. 비슷한 기원을 가진 사람들은 서로 도와주고 다양한 사회-종교적 행사들이 치러질 환경을 제공하기 위해 단체를 설립했을 것이다.

증거를 살펴보면 고대에는 자발적 단체가 설립될 수 있었던 많은 방식들과 많은 이유들이 있었다는 것이 분명하다. 일단 설립된 후에는 구성원들을 끌어 모아서 종종 원래 모임 장소가 비좁게 되었다. 우리는 강한 선교 경향에 대한 증거를 어느 단체에서도 찾지 못했다. 그러나 많은 단체들에 대한 연구가 분명하게 밝혀준 것은 그들은 본래 지역과 다른 지역들 양쪽에서 새로운 구성원들을 끌어 모았고 때로는 새로운 그룹들을 설립했다는 것이다.

2. 모델로서의 자발적 단체

자발적 단체를 초기 기독교 그룹의 유비로 사용하는 것은 "결코 새로운 생각이 아니다"(Countryman 1977:135). 일찍이 2-3세기에도 그리스도인들과 비그리스도인들 둘 다 기독교 그룹을 자발적 단체와 비교했다(Schmeller 1995:10; Wilken 1971; 1984[아래에 요약되어 있다]). 19세기 말과 20세기 초에는 많은 학자들이 종종 초기 기독교 그룹은 자발적 단체였다고 추정했다.

테오도르 몸센(Theodor Mommsen)과 **기오바니 데 로시**(Giovanni de Rossi)는 기독교 그룹이 콜레기아(collegia, 로마의 자발적 단체 - 역자주)였다고 실제로 주장한 초기 학자들 중의 두 명이었다.[6] 몸센의 연구서 『로마의 단체와 조합에 대하여』(*De collegiis et sodaliciis Romanorum[Concerning Roman Associations and Sodalities]*, 1843)가 이 주제를 다루는 대부분의 후속 연구의 토대를 놓았다. 그는 기독교 그룹이 자발적 단체의 특징을 갖고 있다는 것을 보여준 초기 학자들 중의 하나였다. 몸센 이전의 연구는 단지 개별적인 비문들을 가리켰을 뿐이다. 특히 단체의 법적 위치에 대한 논쟁에서 그랬다. 고고학자인 데 로시는 그의 『로마 기독교 지하 묘지』(*La Roma sotteranea cristiana[The Roman Christian Catacombs]*, 1864-77)에서 기독교 묘지를 조사하고, 그 증거로부터 기독교 공동체는 장례 조합으로 인식되었다는 결론을 내린다.

1866년에 에네스트 르낭(Ernest Renan)은 『사도들』(*The Apostles*)을 출판했다.[7] 이 책에는 자발적 단체를 다룬 장이 들어있다(1866:278-89). 그의 주요 관심사는 여러 황제들이 단체에 부과한 제한 규정이었다. 비록 이 두 형태의 그룹 사이에 직접적인 연결이 있다고 주장하지는 않더라도 그는 두 그룹 다 구성원들에게 비슷한 혜택을 주었고, 기독교 그룹은 단체가 당국자들(장관과 총독)에게 받았던 의심과 똑같은 의심을 받았을 것이라고 말한다.

---

6) Wilken 1971:291, 각주 50을 보라; 참조. Liebenam 1890:272, 각주 4.
7) *Les ap tres*(Histoire des origines du christianisme 2; Paris: Michel Levy, 1866)의 영역본이다.

1876년에 **게오르그 하인리히**(Georg Heinrici)는 "고린도의 기독교 공동체와 그리스의 종교 단체"(Die Christengemeinden Korinths und die religiösen Genossenschaften der Griechen[The Christian Community of Corinth and the Greek Religious Associations])에서 고린도교회를 자발적 단체와 비교했다. 그는 이것을 그 후에 20년 이상 계속 유지했다(1877; 1881; 1896). 많은 요인들 때문에 하인리히는 회당보다는 단체가 초기 기독교 그룹을 이해하는 데에 더 좋은 모델을 제공한다고 확신하게 되었다(Kloppenborg 1993a:215). 그는 두 그룹 다 에클레시아(*ekklēsia*)라는 이름을 사용하는 것, 기독교 그룹을 묘사하기 위해 단체에서 유래한 다른 용어들을 사용하는 것, 그들의 공통적인 종교적 특성, 남자와 여자가 둘 다 포함되어 있는 개방적인 구성원 구성, 가난한 사람들에 대한 후원, 공동체를 묘사하기 위해 몸의 은유를 사용하는 것, 구성원을 지칭하는 데에 가족 용어를 사용하는 것 등을 지적한다. 이것이 그로 하여금 고린도 공동체는 자발적 단체처럼 조직되었다는 결론에 이르게 한다(요약을 위해서는 Schmeller 1995:11-13을 보라).

또 다른 중요한 초기 학자는 **에드윈 해취**(Edwin Hatch)였다(1881, 특히 26-39과 1891:283-309).[8] 해취는 위대한 그리스 학자였다. 그는 다양한 전집들의 출판으로 인해 쉽게 이용할 수 있게 된 엄청난 양의 그리스 비문들을 잘 활용할 수 있었다. 그는 초기 교회 조직의 모든 요소들은 그리스-로마 제도들로, 특히 단체들로 거슬러 올라갈 수 있다고 주장한다(Hatch 1881:208-9; 참조. 1881:36).[9] 그의 두 번째 밤프톤 강좌에서

---

8) Hatch의 입장은 Josaitis 1971:35-40에 요약되어 있다. Renan, Heinrici, Hatch는 모두 강한 반대를 받았다. Kloppenborg 1993:217-20; Schmeller 1995:14-16을 보라.

9) Hatch에게 많은 영향을 받아서, 그와 비슷하게 교회 직무가 비유대적 기관들에서 유래했다고 주장한 Harnack을 참조하라(1887). Kloppenborg 1993:217을 보라.

해취는 기독교 그룹과 단체 사이의 많은 유사점을 언급한다. 그들은 모임을 지칭하는 똑같은 이름과 담당자를 지칭하는 똑같은 이름을 갖고 있었다. 각 그룹의 구성원들은 공동의 종교를 고백했고, 각 그룹의 구성원들은 "공동 기금에 기부하거나 공동 기금으로부터 받았다. 그들은 공동 식사를 나눴고, 가입은 개방적이었으며 자유인으로 태어난 시민에게 뿐만 아니라 여자, 외국인, 노예에서 해방된 자유민, 종에게도 열려 있었다(1881:30-31). 이 두 그룹 사이의 주요 차이점은 그들의 자선에 있었다. 단체는 당연히 그들의 구성원들에게 자비로웠던 반면에 기독교 그룹은 의도적으로 가난한 사람들에게 도움을 제공하려고 애를 썼다(1881:35-36).

10여년 후에 해취는 이 생각을 또 다른 강좌 시리즈에서도 계속 추구하려고 했다. 여기서 그는 자발적 단체와 기독교가 똑같은 목표들-"순수한 신을 예배하려는 목표, 순수한 삶을 살려는 목표, 형제애 정신을 함양하려는 목표"(1891:292)-과 똑같은 제재-"**미래의 형벌**에 대한 두려움"(1891:292 각주 2, 그의 강조이다)-를 공유했다고 지적한다. 이외에도 해취의 제안에 의하면 기독교는 일부 구성원들을 다른 단체들로부터 끌어 들였기 때문에 필연적으로 "이 기존 그룹들의 일부 요소들"을 흡수했을 것이다. 비록 이것이 사도 시대 이후에 발생했더라도 말이다(Hatch 1891:292-93).

그가 1906년에 쓴 책인 『로마 역사 연구』(*Studies in Roman History*)의 제10장에서 **하디**(E. G. Hardy)는 기독교가 단체와 아주 비슷했다고 제안한다(1906:129-50). 실제로 그는 기독교 공동체는 단체들과 유사했을 것이고 외부인들에 의해 단체들 중의 하나로 간주되었을 것이라고 강력하게 주장한다(1906:131, 141). 자발적 단체의 존재를 제한하는 아

제4장 자발적 단체   139

우구스투스의 칙령에도 불구하고 아주 많은 다양한 종류가 제국 도처에서 계속해서 번성했는데 대부분은 필요한 특별 허가를 받지 못했다. 기독교는 바로 이 무허가 단체들 가운데 가장 잘 부합된다. 이 장의 초기 부분에서는 비공인 단체의 법적 지위와 그 단체를 대하는 정부 당국의 태도에 대한 논의가 많이 나온다.

기독교 단체는 때때로 당국과 갈등을 빚으면서도 잘 생존하고 성장할 수 있었다고 결정한 후에 하디는 단체로서의 기독교 그룹의 특성을 조사한다. 이 그룹을 묘사하기 위해 사용된 다양한 용어들도 이교 단체와 비슷한 것에 포함된다. 하지만 기독교는 당국의 조사를 야기한 다른 특징을 갖고 있었다. 즉 기독교를 헤테리에(hetaeriae)-정치적으로 파괴적인 클럽-로 의심하게 만든 계속적인 성장과 매일의 공동 식사 같은 특징을 갖고 있었다(1906:142). 그럼에도 불구하고 하디의 견해로는 고대의 자발적 단체가 초기 기독교 그룹을 이해하는 데에 가장 좋은 유비이다.

막스 라딘(Max Radin)은 『그리스와 로마의 단체 법령』(*The Legislation of the Greeks and Romans on Corporations*, 1910)에 들어있는 "불법적이고 비공인된 콜레기아"에 관한 논의에 기독교 교회에 대한 짧은 단락을 포함시킨다(1910:126-28). 라딘은 기독교 그룹이 자발적 단체와 똑같았다고 분명하게 밝힌다. 실제로 그는 그 시대에 다른 형식으로 "예배하는 것"은 생각할 수도 없는 것이었다고 말한다(1910:127). 법적 지위에 관해 말하자면 기독교는 ("특권을 가진 유대교 단체들"을 포함하여) 대부분의 다른 단체들과 똑같은 방식으로 용인되었다(1910:128). 지방의 행정장관은 이런 단체들과 관련되어 있는 개인들의 박해 여부를 결정할 때에 자신의 자유재량을 사용했다.

토마스 윌슨(Thomas Wilson)은 그의 책 『성 바울과 이교사상』(*St. Paul and Paganism*, 1927)의 한 장을 "성 바울과 이교 조합"(St. Paul and the Pagan Guilds) 연구에 할애했다(1927:120-35). 그는 단체들에 대한 간략하고 읽기 쉬운 개관으로 시작한다. 이때 그는 단체들의 이름에 근거하여 그들의 다양성에 주목한다. 그런 후에 그는 바울교회의 이방인 개종자들의 수 때문에 회중은 내부 구조와 집단생활에서 자연히 회당보다는 조합 체제 모델 쪽으로 더 기울어지게 되었을 것이라고 제안한다(1927:124). 단체도 교회도 당국의 법적 인정을 받지는 못했지만 둘 다 모든 억압 시도를 잘 견뎌냈다. 구성원들의 수를 살펴보자면 두 그룹 다 비교적 작았다. 30명에서 200명 사이였을 것이다.[10] 두 그룹이 사용하는 용어는 비슷했다. 특히 에클레시아(*ekklēsia*)와 "장로" 사용에서 비슷했다. 둘 다 어떤 제의와 특별하게 연결된 종교 단체였고[11] 둘 다 후원자 신과 강한 연대감을 갖고 있었다.[12] 특히 신의 거룩한 드라마에 대한 강조가 중요했다. 기독교의 경우에 이것은 예수의 수난, 죽음, 부활, 승귀였다.

또한 그리스도인들은 서로 친족 관계이고 하늘의 시민이라는 바울의 개념도 단체에서 유비를 발견한다. 두 그룹 다 특별한 형태의 식사에 함께 참여하기 위해 구성원이 소유한 집에서 모였다. 이것이 조합에게는 특수한 집으로 그리스도인들에게는 교회 건물로 발전되었다. 이 식사와 더불어 소유를 공유하려는 정신이 기독교 그룹과 단체 둘 다에서 분명하게 나타났다. 이것은 특히 계급 구분 및 성별과 관련하여

---

10) Wilson은 그들은 둘 다 오늘날 우리 대도시 회중의 일부에 불과했다고 말한다(1927:125).
11) Wison은 모든 조합들이 종교적이었다고 제대로 지적한다(1927:126).
12) 하지만 기독교에서는 성령을 통해 더 친밀한 연대가 이루어졌다.

그들이 공유한 평등 의식에서 비롯되었다. 실제로 교회와 단체에는 다른 곳에서는 발견되지 않는 언론의 자유 의식이 있었다. 끝으로 조합과 교회는 둘 다 다른 사람들에 대한 도덕적 의무뿐만 아니라 게으르지 않고 일을 해야 할 의무도 아주 강조했다. 결론적으로 윌슨은 길드가 기독교 공동체의 특성에 큰 기여를 했고 유대교와 구약성경만큼이나 기독교의 도래를 위한 섭리적인 준비의 일부였다고 주장한다.

서론에서 우리는 **저지**(E. A. Judge)가 자발적 단체를 로마 제국의 많은 사람들에게 매력적인 것으로 증명된 기관으로 보는 것을 고찰했다. 『1세기 기독교 그룹의 사회 패턴』(*The Social Pattern of Christian Groups in the First Century*, 1960b)에서 그는 자발적 단체를 "비공인된 단체" 또는 "코이노니아"(*koinōnia*)라는 제목 아래서 논의한다. 자발적 단체의 특성을 간략하게 개관한 후에 그는 1세기에는 유대교 단체와 기독교 단체가 둘 다 있었다고 제안한다.[13] 이런 단체들은 "비합법적이라기보다는 비인가적"이었다(1960b:43). 즉 그들은 공식적으로 인정받지를 못했다. 저지는 기독교 그룹과 단체 사이에는 몇 가지 차이가 있다고 지적한다.

첫째, 비록 그들은 유대인들과는 달리 국가적인 제의 장소를 갖고 있지 않았다고 인정하더라도 그는 그리스도인들은 유대인들처럼 "국

---

13) 많은 학자들이 회당과 자발적 단체를 호의적으로 비교했다(Juster 1914:409-13; Smallwood 1981:120-43; Richardson 1996; 참조. Meeks 1983:32). Burtchaell(1992:265-67)은 단체를 쉽게 회당 조직의 모델로 볼 수도 있다는 것을 인정한다. 그러나 그는 차이 때문에 그것을 거부한다. 얄궂게도, 유대교 회당과 자발적 단체 사이의 차이는 유대교 회당과 기독교 교회 사이의 차이보다 덜 두드러진다. 그런데도 그는 이 후자의 경우에서는 직접적인 혈통적 연결을 발견한다. 다른 학자들은 쿰란 공동체와 자발적 단체 사이에서 유비를 찾으려고 시도했다(특히 Weinfeld 1986과 Dombrowski 1966을 보라; 참조. Marcus 1952). Ramish 1966도 이 둘을 비교하지만, 그들은 비슷하지 않다는 결론을 내린다.

제적인 연결"을 갖고 있었다고 제안한다. 하지만 그는 계속해서 제안하기를 이 국제적인 연결이 이상하게도 "지역적인 차원에서는 유사성을 거의 부여하지 않는다"고 한다(1960b:46).

둘째, 그는 기독교 단체는 다른 단체들보다 훨씬 더 광범위한 (부자에서 노예까지) 층에서 구성원들을 끌어들였다고 제안한다.[14]

이 차이들에도 불구하고 저자는 대중이 볼 때에는 그리스도인들과 다른 비공인된 단체들이 서로 구별되지 않았을 것이라고 결론짓는다(1960b:44).[15] 그리고 그리스도인들도 자신들이 일반적인 종류의 자발적 단체를 형성하고 있다는 것에 의문을 제기하지 않았을 것이다(1960b:45). 실제로 사도행전의 앞장들에 나오는 초기 예루살렘 공동체에 대한 묘사―"가입, 신비, 대등한 협력, 의식적인 식사, 제의, 기적, 상호 혜택"―는 쉽게 다른 단체들의 활동에 대한 묘사로 사용될 수 있을 것이다(1960b:47). 내내 (고린도전서에서 드러나는) 많은 당파주의 문제들에도 불구하고 기독교 그룹은 2세기까지는 여전히 자발적 단체로 이해되었다(Pliny, Epistulae 10.96을 보라).

이 책의 뒷부분에서 저자는 기독교 그룹의 사회 계층을 조사한다. 그는 기독교 그룹이 사회의 상위 계층으로 구성되지 않았던 것이 사실이지만 이것은 또한 다른 지역적인 제의 단체에도 마찬가지였을 것이라고 지적한다(1960b:52). 일반적으로 대부분의 사람들은 (그리스도인이

---

14) 실제로 이 두 "차이"는 이후의 학자들에 의해 비판받았다. Barton과 Horsley는 최소한 한 그룹의 사회적 구성원은 기독교 단체의 사회적 구성원과 비슷했다는 것을 보여준다(1981). Ascough는 기독교 단체와 비기독교 단체 둘 다 지역에 기반을 둔, 제한적으로 초지역적 연계를 갖춘 그룹이었다고 주장한다(1997).
15) 하지만 같은 해에 나온 연구에서(1960a) 또 이후의 연구들에서 저자는 철학학파를 초기 기독교 그룹의 최상의 유비로 보는 쪽으로 기우는 경향이 있다. 제2장을 보라.

든 아니든) 로마 귀족 계층의 구성원들을 만나지 못했다(1960b:54). 그런데도 기독교 그룹 안에는 (지역 그룹 안에도 또 다른 지역들 출신의 그룹들 사이에도) 다양한 사회 계층 출신의 다양한 사람들이 있었다. 기독교 그룹은 비록 폭넓은 주민 계층에 의지했더라도, 특히 전체 가족을 그룹 안에 흡수하는 한에 있어서 사회의 상위 계층에 속한 사람들에 의해 주도되었다(1960b:60-61).

1970년대 초에 **로버트 윌켄**(Robert Wilken)은 "기독교, 철학학파, 콜레기아"(Christianity, Philosophical Schools, and Collegia, 1971)라는 제목의 에세이를 출간했다. 이 에세이에서 그는 기독교가 그리스-로마 세계의 남자와 여자에게 어떻게 보였는지를 조사한다. 그 후에 이 동일한 주제를 다룬 긴 논문이 1984년에 출판되었다. 윌켄의 논문의 주요 목적은 기독교 운동을 지켜보는 외부인들에게 어떤 개념들이 사용 가능했는지를 조사하는 것이다.[16] 그는 장례 조합과 철학학파라는 두 사회 운동을 초기 기독교의 유비로 사용한다(철학학파에 대한 그의 입장을 요약한 것을 위해서는 제2장을 보라).

고대의 자발적 단체의 특성을 간략하게 묘사한 후에 윌켄은 그리스도인들이 비두니아 지역의 다른 단체들과 아주 비슷한 단체로 이해되었다는 것을 보여주기 위해 플리니의 편지들을 다룬다(*Epistulae* 10.96). 얼마 후에 셀수스는 그리스도인들이 불법적으로 존재한다고 비난했다. 왜냐하면 그들은 비밀리에 모였고, 비밀 결사는 불법이었기 때문이다(Origen, Contra Celsum 1.1; 8.17, 47). 이런 기독교 이해의 다

---

16) 그는 그리스도인들의 자아 이해는 외부인들의 이해와 다를 수 있다고 한다(1971:269). 그는 주로 외부인들의 견해에 관심이 있다. *The Christians as the Romans Saw Them*의 제2장에는(1984:31-47) 1971년 논문의 "콜레기아" 단락에 들어있는 것과 비슷한 정보가 들어있었다.

른 암시들이 알렉산더 세베루스의 저작에서 발견된다(*Historia Augusta*, *Vita Alex*. 49). 그는 요리사 단체와 그리스도인 단체 사이에서 발생한 모임 장소에 대한 논쟁을 서술한다. 터툴리안이 가장 중요한 증거를 제공한다(*Apologia* 38-39). 그는 기독교가 합법적인 단체들 가운데 하나로 간주되어야 한다고 주장한다. 왜냐하면 이 단체들은 정치적 클럽이 아니라, 도시와 마을에서 발견되는 아주 많은 단체들처럼 무해한 단체였기 때문이다. 터툴리안의 묘사는 기독교 교회에서 종종 사용된 신학적 용어보다는 단체를 묘사하는 용어들로 가득하다(Wilken 1971:283).

기독교를 단체로 간주하는 고대의 묘사에도 불구하고 윌켄은 중요한 차이를 발견한다. 자발적 단체는 단지 지역적인 그룹이었던 반면에 기독교는 "추종자들이 지중해 세계 도처에 살았고 공통의 신앙 고백과 생활 방식을 공유했던 "세계적인" 종파"였다(Wilken 1971:287). 이것은 "국제적이지" 않았던" 자발적 단체보다는 오히려 철학학파와 더 비슷하다. 즉 "지중해 세계 너머로 확장되고 있는 하나의 조직체로 함께 연결된 단체들의 집단"이다(Wilken 1984:35). 결국 윌켄이 보기에는 기독교는 지역적인 경계를 넘어가는 데서 스토아학파나 에피쿠로스학파와 더 비슷하다. 하지만 그는 지역적인 차원에서는 기독교도 "다른 단체들과 똑같은 활동에 몰두했다"고 인정한다(Wilken 1971:287). 윌켄에 의하면 철학학파가 단체와 똑같지는 않지만 종종 이 두 형태의 그룹 사이에 용어, 모임 형태, 생활 방식 등 많은 공통적인 특성이 발견되기도 한다. 그래서 그는 기독교가 "철학학파"와 "단체"의 결합체를 보여준다고 결론짓는다(Wilken 1971:280, 287).[17]

---

17) Barton과 Horsley(1981:40)도 기독교 그룹은 철학학파와 종교 단체의 결합체였다는 결론을 내림으로써, Wilken의 견해를 지지한다. 보다 최근에는 Mason(1996)이 철학학파와 자발적

"클럽과 교회의 후원자와 담당자"(Patrons and Officers in Club and Church, 1977)에서 **윌리암 컨트리맨**(L. William Countryman)은 고대 대중이 초기 기독교 그룹을 이해하는 데에 사용할 수 있던 유비들 가운데는 유대교 회당, 미트라 그룹, 철학학파도 있었지만 최상의 유비는-특히 초기 제국 때에는-자발적 단체였다고 간명하게 진술한다. 이것은 새로운 생각이 아니라고 인정하면서 컨트리맨은 이 유비를 "교회의 내적 생활을 탐구하는 도구"로 사용함으로써 이 유비를 더 밀고 나가려고 한다(1977:135). 단체를 간략하게 기술한 후에 그는 기독교 교회는 "전형적인" 그리스-로마 단체가 아니었다고 그 둘 사이에는 몇몇 차이들이 존재한다고 말한다. 하지만 제한되기는 했지만 자발적인 구성원, 영웅이 된 사람을 숭배하는 것, 공동 식사, 가난한 사람들을 후원하기 위해 부유한 구성원에게 의존하는 것[18] 등과 같은 교회의 면모는 다 외부인들에게 기독교 그룹은 본질상 단체였다는 암시를 주었을 것이다(1977:136-37).

단체와 교회의 차이는 많은 영역에 걸쳐 있다. 비록 부유한 사람들은 가난한 사람들을 도와주라는 요구를 받았지만 그렇게 함으로써 단체에서 칭송받는 방식으로 존경을 받았던 것은 아니다. 단체 후원자와 은인에게 경의를 표하는 많은 비문들과 대조적으로 후원자에게 경의를 표하는 기독교 비문은 거의 없다. 또 그의 진술에 의하면(1977:138) 각 단체는 엄격하게 지역적인 기관이었기 때문에 그 도시의 사회 체제에 확고하게 결부되어 있었고 그 후원자보다 더 높은 외부 권위는 없

단체를 비교했다(참조. Klauck 1982:70-71).
18) Countryman은 교회는 주로 가난한 사람들로만 구성되지 않고 (비록 원로원 계층은 아니더라도) 상당한 수의 부유한 구성원들도 포함하고 있었다고 주장하는 데에 적잖은 시간을 사용한다(1977:137).

었다.[19] 다른 한편으로, 기독교 그룹은 더 큰 초지역적 연계를 갖고 있었고 지역 회중 외부에 실제적으로든 이론적으로든 더 높은 권위(즉 창설자 또는 "신"인 예수와의 연계)를 갖고 있었다.[20] 그래서 교회의 재정 후원은 (단체처럼) 부유한 구성원에게서 나왔지만 권위를 갖고 있었던 사람은 (단체와는 달리) 언제나 후원자와 동일한 사람이 아니라 직분자였다.[21] 그의 연구 결과로 컨트리맨은 "초기 교회는 동시에 클럽이기도 했고 클럽과는 다른 어떤 것이기도 했다"고 결론짓는다(1977:140). 단체와 비슷한 특성 때문에 교회는 구성원이 되는 고대인들에게 사회적 유비를 제공해줄 수 있었다. 또 단체와 다른 특성 때문에 교회는 나름대로 발전해서, 결국에는 단체 유비의 특성과는 다른 자신만의 독특한 특성을 갖출 수 있게 되었다.

다시 한 번 우리는 **웨인 믹스**(Wayne A. Meeks)의 영향력 있는 책인 『초기의 도시 그리스도인들』(*The First Urban Christians*, 1983)을 살펴본다. 믹스는 자발적 단체와 기독교 교회 사이의 많은 유사점을 지적한다.

첫째, 둘 다 아주 긴밀한 관련을 갖고 있는 작은 그룹이었다.

둘째, 구성원 자격은 출생에 의해서보다는 합류하려는 자유로운 결정에 의해서 부여되었다. 비록 때로는 인종적 연관, 지위, 직무와 직업의 요소가 작용했더라도 말이다.

---

19) 그는 이 특성에 대한 예외적인 경우로 디오니소스 배우 조합을 언급한다(1977:136).
20) Countryman은 교회가 결국에는 지역 지도체제 패턴에 적응해서, 군주적 감독제도로 나아갔다고 인정한다(1977:138).
21) 이것은 물론 이것 나름대로의 일련의 문제들로 이어졌다. Countryman은 이 문제들을 자세히 다룬다. 그런 후에 그는 "부에 대한 윤리적이고 자선적인 교훈 진술은 교회 내의 클럽과 비클럽 패턴 사이에 발생한 갈등에 대한 직접적인 반응이었다"는 결론을 내린다(1977:140).

셋째, 둘 다 의식과 제의 활동, 공동 식사와 "우애" 활동을 중요하게 여겼다.

넷째, 자발적 단체의 죽은 사람에 대한 장례 규정 및 기념과 데살로니가전서 4:13-5:11 내지 고린도전서 15:29 같은 언급은 둘 다 죽은 자의 장례에 관심을 갖고 있었다는 것을 보여준다.

다섯째, 둘 다 부유한 후원자의 선행에 의존했다.

여섯째, 조직, 선거와 의사 결정에서 고전적인 폴리스(*polis*)를 모방하면서 둘 다 민주적인 내부 관리와 유사한 것을 갖고 있었던 것으로 보인다. 비록 이것이 기독교 그룹에서는 카리스마적인 영의 역할에 의해 복잡해졌더라도 말이다. 또 믹스는 자발적 단체와 기독교 회중 사이의 많은 차이점도 언급한다.

첫째, 기독교 그룹은 직업 단체나 종교 단체에서 발견되지 않는 방식으로 독점적이고 전체적이었다. "그리스도에게로 세례를 받았다"는 것의 의미는 종파가 구성원들에게 일차적인 그룹이었고 일차적인 충성을 요구했다는 것이다(유대교를 참조하라). 기독교 그룹은 단절되지 않았다. 기독교 그룹은 포괄적인 의미에서 "구원"에 관심이 있었다. 반면에 자발적 단체는 주로 특별한 제의적 기능을 갖고 있는 교제와 연회(축제, 음주)에 관심이 있었다.

둘째, 사회 계층과 관련해서는 기독교 그룹이 자발적 단체보다 더 포괄적이었다. 믹스의 제안에 의하면 단체는 보통 사회적으로 동질적인 사람들을 끌어 모으는 경향이 있었던 반면에 기독교 그룹은 다양한 사회 범주에 더 많은 동등을 허용했다.

셋째, 자발적 단체와 기독교 그룹 사이에 공통 용어가 전혀 나오지 않는다.

넷째, 자발적 단체에는 기독교 운동을 특징짓는 "초지역적 연합"이 없었다. 각 단체는 자급자족적인 지역적 현상이었다.[22] 또 다른 곳에서 믹스는 단체는 구성원들에게 윤리 원칙을 가르치는 데에 관심이 없었던 반면에 기독교 그룹은 구성원들의 행동에 관심을 가졌다고 말한다 (1986:114).

결국 믹스에게는 이 차이점들이 너무 큰 것으로 드러난다. 그는 기독교 그룹의 최상의 유비를 회당에서 찾는 것으로 보인다(Meeks 1983:80; 제1장을 보라).

1993년에 출판된 존 허드(John Hurd) 『기념논문집』(*Festschrift*)에 들어있는 "아그리피닐라 비문: 종교 단체와 초기 교회 형성"(*The Agrippinilla Inscription: Religious Associations and Early Church Formation*)이라는 논문에서 **브래들리 맥린**(Bradley H. McLean)은 로마의 자발적 단체에서 나온 주후 2세기 중엽의 비문이 초기 기독교의 유비로서 특히 조직 모델, 내부 구조, 구성원과 모집에서 아주 유용한 것을 발견한다. 구성원들이 400명이 넘는 이 커다란 단체는 다양한 초기 기독교 그룹들처럼 실제로 한 가정에 기반을 두고 있었다. 이 단체는 미틸레네에서 로마 캄파냐로 **집단으로**(*en masse*) 이주했고 거기서 그 가정의 가장 및 그의 아내(Gallicanus와 Agrippinilla)와 접촉하게 된 사람들 중에서 새로운 추종자들을 끌어들인 것으로 보인다. 이와 비슷하게 기독교도 제국 도처에서 활발하게 이동한 것으로 드러났다. 초기 교회와 마찬가지로

---

22) Stambaugh와 Balch도 기독교 그룹이 고대의 자발적 단체와 비교될 수 있고 또 비교되어 왔다는 것을 인정한다(1986:141). 그들은 많은 것을 공유한다. 하지만 그들은 초지역적 연계의 차이를 강조하기도 한다. "기독교 그룹은 비슷한 생각을 갖고 있는 신자들의 세계적인 집단과의 역동적인 연계를 더 의식하고 있었다. 이교 콜레기아보다 훨씬 더 많이 의식하고 있었다."

이 단체의 구성원들도 남자와 여자, 종, 자유민과 주인이 섞여 있었다. 이 단체는 다양한 직함들을 사용했다. 그러나 디오니소스를 숭배하는 다른 단체들이 사용하던 직함들과는 아주 달랐다. 이것은 교회에서도 발견되는 것처럼 직함들을 가지고 실험을 했다는 것을 보여준다.

존 클로펜복(John S. Kloppenborg)은 같은 책에 자발적 단체라는 주제를 다루는 "에드윈 해취, 교회와 콜레기아"(Edwin Hatch, Churches and Collegia, 1993a)라는 논문을 기고했다. 이 논문에서 그는 기독교 그룹의 유비로 단체를 사용하는 견해의 초기 발전을 기술한다. 그는 에드윈 해취에게 특별한 관심을 보인다. 그는 해취의 연구가 "때로는 비난을 받기도 하지만, 대부분은 무시를 받는다"고 생각한다(1993a:212). 클로펜복은 해취 비판의 역사를 추적하고 이 비판은 해취가 제시한 자료에 대한 평가보다는 오히려 학자들의 신학적 고려에 기초하고 있다고 말한다. 특히 클로펜복의 제안에 의하면 많은 학자들은 교회가 그 구조를 이교에 빚졌다는 제안을 용인할 수 없었다. 비록 많은 학자들이 교회가 외부인들의 눈에는 단체처럼 보였을 수도 있다는 점을 인정했더라도 교회가 단체에게 영향을 받았다는 데에 동의할 학자들은 거의 없었을 것이다. 그 대신에 그들은 바울의 사상과 바울의 교회 구조가 받은 영향을 유대교에서 찾으려고 했다. 클로펜복은 이것은 (그의 생각에는) 변증적인 함축을 갖고 있고 고대의 증거에 기초하지 않는다고 분명하게 말한다. "기독교 조직이 단지 **콜레기아**처럼 **보였던** 것만이 아니다. 기독교 조직이 자신을 그렇게 생각했을 가능성도 농후하다"(1993a:228, 그의 강조이다).

또 클로펜복의 지적에 의하면 해취는 단체가 기독교 그룹에게 영향을 주었다고, 즉 이 둘 사이에 혈통적인 연결이 있다고 제안하는 것이 아니라 (비록 그의 반대자들은 그가 그렇게 말한다고 생각했더라도) 단지, 유비적인 연결이 있다고 제안한다. 후자의 경우에는 한 그룹을 이해하는 것이 다른 그룹을 이해하는 데에 도움이 된다. 특히 클로펜복의 제안에 의하면 유비는 학자들이 교회가 로마 사회 안에 자리 잡고 있는 방식들을 이해하는 데에 도움을 줄 수 있다. 즉 교회가 종교적이고 사회적인 구성원들에게 혜택을 제공했던 방식과 그룹의 구성원들이 기관의 차원에서 뿐만 아니라 개인의 차원에서도 상호간 및 "외부인들"과 관계를 맺는 방식을 이해하는 데에 말이다.

또 클로펜복은 자발적 단체를 진지하게 고려했던 몇몇 현대 학자들에 대해 논의한다(1993a:220-24). 그는 웨인 믹스(1983)에게 특히 비판적이다. 클로펜복은 믹스가 단체와 기독교 그룹 사이의 네 가지 차이점을 언급한 것은 그가 증거를 잘못 읽었기 때문이라고 생각한다(위를 보라). 클로펜복(1993a:231-37)은 이 차이점 가운데 처음 세 가지에 대해 사실상 믹스를 비난한다. 단체를 지칭하는 데에 사용된 전문 용어와 관련하여, 클로펜복은 에클레시아라는 용어가 바울교회의 도시 배경에서는 자발적 단체를 가리키는 것으로 이해되었을 것이라고 제안한다. 교회 내의 직분자 칭호는 단체 내의 칭호만큼 다양했다. 그래서 우리는 어느 쪽에서도 획일성을 발견하기를 기대해서는 안 된다. 비록 클로펜복은 바울교회의 "포괄성"이 단체의 배타성만큼 과장되었다고 말하더라도 이 두 형태의 그룹 모두에서 구성원의 자격은 어느 정도 포괄적이었다.

클로펜복은 믹스의 네 번째 "차이점"에 대해서는, 즉 단체의 지역적 특성과 기독교의 "세계적" 특성에 대해서는 직접적으로 언급하지 않는다(그러나 Kloppenborg 1996a:27-28, 각주 19를 보라). 하지만 나는 자발적 단체와 초기 기독교 모임은 둘 다 원래 지역에 기초를 둔, 제한된 초지역적 연계를 맺고 있던 그룹이었고 이 부분의 "차이점'은 과장되었다고 제안하는 논문에서(Ascough 1997) 이 이슈를 다루었다.

결국 클로펜복은 자발적 단체를 "바울교회의 내부 역동성과 눈부신 성공"을 이해하는 유비로 사용하자고 강력하게 주장한다. 그렇게 함으로써 그는 "초기 기독교 교회의 조직을 이해하는 새롭고 생산적인 접근방식"으로 나아가게 되기를 기대한다(1993a:238). 같은 해에 출판한 에세이에서(1993b) 클로펜복은 데살로니가전서 4:9-12을 자발적 단체와 비슷하게 조직된, 주로 가난한 이방인 수공업자들로 구성된 교회를 염두에 두고 읽음으로써 바로 이것을 시도했다(특히 1993b:274-77).

클로펜복은 보다 최근에 출판한 에세이에서 이 유비를 계속 탐구한다. "신화에 나타나는 평등주의와 바울교회의 수사학"(Egalitarianism in the Myth and Rhetoric of Pauline Churches, 1996b)에서 클로펜복은 추측컨대(a priori) 제국 동쪽의 도시들의 그리스도인들은 본능적으로 헬라의 자발적 단체의 패턴을 따라 조직된 것 같고 그래서 "이 그룹에서 작동하던 사회적 역동성이 바울 그룹의 특성이 된 것 같다"는 가정 하에 시작한다(1996b:253; 참조. 1996a:23). 고린도전서 6:1-11을 다루면서 클로펜복은 서로를 법정으로 데려가지 말라는 바울의 명령이 어떻게 고린도 회중 내부의 문제를 드러내는지를 보여주는데 이런 문제는 자발적 단체 내부에서 흔한 것이었다.

고린도전서 6장에 묘사된 종류의 법적 행동은 양쪽 당사자들이 부유한 사회 계층 출신이었다는 것을 전제한다. 그런 사람들이 자신의 지위를 드러내는 하나의 수단으로, 민사사건을 법정으로 가져왔다. "사회 통제의 기구인 법정은" 공개적인 포럼에서 "우월한 사회적 지위가 드러나고 유지되는 하나의 방편이었다"(1996b:255-56). 고린도전서 6장에 나오는 바울의 책망의 목표는 회중 가운데 부유한 사람들이 명예를 얻기 위해 그렇게 경쟁하는 것을 막는 것이었다. 많은 자발적 단체들의 규정이 보여주는 바에 의하면 정기적으로 발생하는 자기 과시적인 공동체 상호 작용 때문에 서로를 법정으로 데려감으로써 (단체의 모임 도중에 또는 모임 이후에) 서로의 명예에 도전하는 구성원들에게 제제를 가할 필요가 있었다. 그래서 우리는 구성원들 간의 내부 갈등 및 규정되어 있는 갈등 해결과 관련하여 고린도 그리스도인들과 자발적 단체 사이에 존재하는 현저한 유사성을 발견한다.[23]

클로펜복이 볼 때에 기독교 그룹과 단체 사이의 일차적인 차이점은 명예 경쟁의 또 다른 영역에, 즉 자선의 영역에 놓여 있다. 단체의 규정은 가장 관대한 사람에게 더 큰 명예를 약속하면서, 자선을 베풀라고 강하게 장려했다. 그런 경쟁은 바울의 기독교 그룹에서는 장려되지 않았던 것으로 보인다. 그 대신에, 최소한 이 그룹에 평등 의식을 도입하려고 시도한 가족 은유의 사용을 통해(예를 들어, *adelphos*, "형제와 자매"), 이 그룹 내에서는 가공의 가족 관계가 만들어졌다.[24]

간단히 언급할 가치가 있는 다른 두 연구가 있다. **캐롤라인 윌란**(Caroline F. Whelan)은 여자들이 단지 자발적 단체의 적극적인 구성원이었을 뿐만 아니라 종종 단체의 후원자로 활동했다는 것을 보여주었

---

23) 고린도전서 6:1-8에 대한 독립적인 연구에서 Schmeller(1995:86-87)는 비슷한 결론에 도달하지만, 이 주장을 뒷받침할 자료를 별로 제시하지 못한다. 보다 일반적으로 Schmeller는 디아스포라 유대교 그룹, 신비종교, 자발적 단체의 내부 중재에 관한 규정들을 언급한다(1995:87).
24) Kloppenborg(1996b:260)는 신중하게 바울의 연설의 목표는 갈등과 지위 과시를 가라앉히는 것이지만, 그가 어느 정도 성공했는지는 분명하지 않다고 지적한다. 즉 우리는 바울 그룹이 평등주의적이었는지 알지 못한다는 것이다.

다. 이 정보는 바울이 로마서 16:1-2에서 뵈뵈를 **디아코노스**(*diakonos*)와 **프로스타티스**(*prostatis*)로 부르는 것이 어떻게 종종 그녀는 "단지" "여집사"와 "조력자"라고, 그래서 그녀의 지위는 그룹의 남자 지도자들보다 더 낮다고 말해주는 것으로 오해되었는지를 보여주기 위해 사용되었다. 오히려 이 단어들은 각각 "집사"와 "후원자"라는 모호하지 않은 의미를 갖고 있다. 게다가, 여자들은 자발적 단체에서 보통 그런 존재의 기능을 수행했기 때문에 뵈뵈는 기독교 공동체에서 단지 바울과 겐그레아의 교회만을 위해서가 아니라 다른 많은 사람들을 위해서도 그런 역할을 수행했던 것 같다.

나는 작은 주제에 집중하는 내 연구에서(Ascough 1996) 고린도후서 8:1-15과 자발적 단체의 비문에 나오는 동사 **에피텔레오**(*epiteleō*("완성하다", "성취하다"))의 사용을 검토했다. 비문에서 이 단어는 거룩한 의식의 실행과 신에게 한 맹세의 실현에 다양한 종류의 자선의 표시에 사용된다. 따라서 바울이 고린도인들에게 예루살렘 교회를 위한 모금에 참여하라고 촉구하는 데에 에피텔레오(*epiteleō*)를 사용할 때에 그는 고린도인들의 종교적 의무감에 호소했던 것이다.

최근에 출판된 자발적 단체와 바울 기독교를 다룬 최초의 단행본 『위계와 평등: 바울 공동체와 그리스-로마 단체에 대한 사회-역사적 연구』(*Hierarchie und Egalität: Eine sozialgeschichtliche Untersuchung paulinischer Gemeinden und griechisch-römischer Vereine*[*Hierarchy and Equality: A Social-historical Investigation of Pauline Communities and Greco-Roman Associations*], 1995)에서 **토마스 슈멜러**(Thomas Schmeller)는 고린도의 사회관계와 후원을 자발적 단체 내의 사회적 실행에 비추어 검토한다. 그의 목적은 고린도 공동체에서 드러나는 패턴이 자발적

단체에서 발견되는 사회관계와 반대되는지 아니면 양립하는지를 결정하려는 것이다(1995:9-10).[25]

슈멜러는 기독교와 단체 사이의 비교 연구에 대한 간략한 개관으로 시작한다. 그는 그의 논의를 두 부분으로 구분한다. 먼저 20세기가 시작되는 즈음의 학자들(주로 Heinrich와 Hatch [위를 보라], 그들의 비판자들 중의 두 명인 C. Holsten과 J. Weiss)을 다루고 그 후에 (Meeks의 1983:77-80에 나오는 간략한 평가를 활용하여) 1970년 이후의 학자들을 다룬다.

그의 책의 두 번째 부분은 그리스-로마 세계의 계급과 지위와 후원과 수혜에 대해 개관하는 단락으로 시작된다(1995:19-24). 이어서 그는 단체에 대해 더 충분하게 논의한다. 이때 그는 전형적인 구성원들의 사회적 위치(하층 계급과 지위)와 그들이 사회적 보호, 연회의 음식과 포도주 비용, 모이는 건물과 같은 것을 비구성원 후원자에게 의존하는 것을 분명하게 강조한다.

자발적 단체에 대한 정보의 출처를 제시할 때, 슈멜러는 주로 SIG^3 985, 1109, ILS II/2 7212, 7213이라는 네 개의 원문에 초점을 맞춘다.[26] 슈멜러는 어떻게 이 비문들이 매력, 법적 지위, 목적, 기능과 관련하여 로마 제국의 자발적 단체들을 일반적으로 대표하는지를 보여준 후에(1995:27-32), 후원자, 직분자, 구성원과 관련하여 단체들의 기본 구조를 서술한다(1995:33-53). 그는 단체들이 위계적인 특성과 평등

---

25) 그리스-로마 단체에서의 관계는 전형적으로 수직적, 위계적, 지위 중심적인 특성을 갖고 있는 반면에, 바울 공동체에서의 관계는 보통 수평적, 평등적, 봉사 중심적이었다고 한다.
26) 이 원문들은 Schmeller 1995:26에 나온다. 이 원문들과 독일어 번역은 부록에 들어있다 (1995:96-115). 이 모든 원문들의 영어 번역도 이용가능하다. SIG^3 985는 Barton과 Horsley 1981:9-10에, ILS II/2 7212(=CIL XIV 2112)는 MacMullen과 Lane 1992:66-69 번호 5.3에, ILS II/2 7213(=CIL VI 10234)은 Gordon 1983:148-49 번호 66에, SIG^3 1109(=IG II^2 1368)는 MacMullen과 Lane 1992:69-72 번호 5.4에 나온다.

적인 특성을 동시에 가질 수 있었다고 결론짓는다. 후원자와 직분자의 특권적인 위치와 관련해서는 위계적인 특성을, 또 단체의 일반적인 구성원들과 관련해서는 평등적인 특성을 가질 수 있었다. 그런 혼합은 지배적인 문화 환경의 사회 구조(위계 제도)를 반영할 뿐만 아니라 그것으로부터의 약간의 도피도 제공해준다(평등주의).

고린도전서에 나타나는 바울의 공동체 이해와 실제적인 사회 상황 사이의 차이를 주의 깊게 인식하면서(1995:54; 참조. Kloppenborg 1996b:260) 슈멜러는 그의 책의 세 번째 부분에서 고린도교회를 분석한다. 그는 후원 관계, 교회 직무, 각 구성원의 지위를 조사할 때에 거기서 비슷한 일련의 사회관계가 작동하는 것을 발견한다. 자발적 단체와 마찬가지로, 고린도교회도 더 부유한 사람들의 후원을 받았고 그런 후원자들에게는 공동체 식사 때에 더 많은 분량의 음식이 주어졌다. 자발적 단체와 차이가 나는 부분은 후원자에게 사용되는 용어,[27] 후원자의 단체 소속 여부,[28] 후원에 대한 보상 등이다(1995:73-74).[29]

고린도 공동체에는 단체와는 달리, 후원자와 일반 구성원 사이에 명백하게 규정된 직분자의 층이 없었고 통일된 기능과 칭호도 없었던 것이 확실하다. 그 대신에 구성원들 중의 기능인들에 대한 묘사가 많이 발견된다. 이 둘 사이에는 분명하게 확정된 경계가 없다(고전 11-14장,

---

27) Schmeller는 바울은 로마서 16:1-2에서 뵈뵈가 후원자라고 말하지 않는다고 (비록 설득력은 없더라도) 강력하게 주장한다. 뵈뵈는 한 단체의 후원자에게 일반적으로 사용되던 방식으로 언급된다는 주장에 대해서는 Whelan 1993(특히 75-77)을 보라. 이상하게도, Schmeller는 Whelan의 연구를 다루지 않는다.
28) 이것은 후원자는 자신이 후원하는 단체에 참여하지 않았다는 그의 잘못된 가정에 기초를 두고 있다.
29) Schmeller는 고린도 분열에 대한 바울의 논의(고전 1-4장), 어떤 개인의 성적 범죄(고전 5장), 주의 만찬(고전 11장)을 검토한 후에 이 결론에 이른다.

특히 12:27-31; 1995:78). 구성원들의 지위와 관련하여 슈멜러는 기독교의 사회 평등 이상이[30] 고린도에서 두 갈등 때문에 위협당하고 있었다고 한다. 하나는 상류계층의 구성원들 사이에서 발생한 법적 소송이고(고전 6장), 다른 하나는 소수의 상류계층과 다수의 하류계층 구성원들 사이에서 발생한 "강함/약함"에 대한 논쟁이었다(고전 8-10장). "그리스도의 몸" 안에서 이루어지는 이 보편적 평등 이상은 자발적 단체에서 경험하는 평등주의를 훨씬 능가한다(1995:92-93).

슈멜러의 연구는 자발적 단체를 배경으로 삼아 고린도전서를 읽으면 고린도 공동체 내의 사회관계를 잘 파악할 수 있다는 것을 보여준다. 특히 이 연구는 두 그룹 다 계급제도와 평등주의의 특성을 가지고 있었다는 것을 보여준다. 부유한 사람들은 후원자로 행동했고 그 결과 더 큰 특권을 부여받았다. 하지만 결국 고린도 공동체는 후원자에 대한 대우, 직분자의 부재, 구성원들 사이의 전적인 평등 이상(실제는 아니더라도) 등과 관련해서는 단체와 달랐던 것으로 보인다.

슈멜러의 책은 유익한 개론서이다. 그리스-로마의 자발적 단체의 특성을 요약하는 점에서도 그렇고 이 특성을 특수한 바울 기독교 그룹 연구에 사용하는 점에서도 그렇다.[31] 이것이 몇몇 간과에 의해 약화되는 것이 유감스럽다.

첫째, 이 비문들이 자발적 단체와 초기 기독교 논의에서 가장 빈번하게 인용되는 비문들이기 때문에 슈멜러는 주로 네 비문에 집중하기로 선택했다. 이 비문들이 우리에게 많은 것을 가르쳐주는 것이 사실

---

30) 이것은 갈라디아서 3:28에 기초를 두고 있다. Schmeller는 이것을 바울 사역에서 전형적인 것으로 간주한다.
31) 비록 그가 지역의 특성을 진지하게 다루고 싶다고 주장하더라도, Schmeller는 사실상 고린도를 모든 바울교회들에서 전형적인 것으로 만든다(예를 들어, 1995:82를 보라).

이지만 훨씬 더 많은-문자 그대로 수천 개의-비문 자료가 사용가능하다(Kloppenborg 1996a:23). 유감스럽게도 많은 비문들이 번역되지 않은 채로 남아있고 이 경우처럼 종종 참고하지 않은 채로 남아있다. 더 폭넓은 자료를 사용했다면 슈멜러의 주장을 더 가다듬는 데에 도움이 되었을 것이다.[32]

둘째, 슈멜러는 늦게는 1995년에 이르는 몇몇 이차 자료를 갖고 있지만 그는 다 한 책에 들어있는 세 중요한 논문(Cotter 1993, McLean 1993, Kloppenborg 1993a)을 빼놓았다. 이 논문들은 많은 논점에 대한 슈멜러의 주장을 알리는 데에 도움이 되었을 것이다. 특히 믹스가 말하는 자발적 단체와 기독교 그룹 사이의 네 가지 "차이점"을 그가 무비판적으로 받아들이는 부분에서 말이다. 클로펜복은 그 중에서 세 가지를 효과적으로 언급한다(위를 보라).[33] 그럼에도 불구하고 슈멜러의 책이 자발적 단체와 초기 기독교 그룹에 대한 훨씬 더 폭넓고 훨씬 더 철저한 탐구의 시작으로 판명되기를 바란다.

많은 논점에서 슈멜러는 자발적 단체를 초기 기독교를 이해하는 비교 그룹으로 사용하는 또 다른 중요한 독일 학자인 **한스 조세프 클라우크**(Hans Josef Klauck)의 연구에 의존한다. 클라우크는 아주 종종 자발적 단체를 기독교 가정교회(1981a:11; 1981b:86-87; 1992:32-34를 보라)와

---

32) 기특하게도 Schmeller(1995:26)는 자발적 단체 비문들의 범위와 다양성을 인정하고, 그는 이 특수 비문들을 (자발적 단체를 고린도 공동체의 사회관계를 더 잘 이해하는 방편으로 사용하려는) 그의 더 큰 목적으로 재빨리 이동하는 방편으로 사용하는 것이라고 설명한다. 그는 적절한 곳에서 몇몇 다른 비문들도 언급한다. Schmeller의 또 하나의 특이한 간과는 고린도의 단체들에 대한 증거를 언급하지 않는 것이다. 비록 그런 증거가 빈약하더라도, 분명히 남아있다(Ascough 1996:584, 각주 3을 보라).
33) 훨씬 더 중요한 것은, Schmeller의 결론은 Kloppenborg(1996b)이 제기한 더 큰 방법론적 고찰에 비추어 읽어야 한다는 것이다.

주의 만찬(1982, 특히 68-71을 보라)을 이해하는 배경으로 기술했다.

3. 결론

이제 우리는 초기 기독교의 모델로서 자발적 단체를 살펴보는 개관의 마지막에 도달했고 또한 더 보편적으로 공동체 형성의 모델들을 살펴보는 개관의 마지막에 도달했다. 이 학문적인 개관은 자발적 단체 모델이 (다른 모델들과 마찬가지로) 초기 바울교회 형성을 이해하는 유비로서 유익하게 사용될 수 있다는 것을 보여주었다. 하지만 몇몇 학자들이 지적했듯이 이것은 결코 완전한 유비가 아니다. 다른 학자들은 몇몇 특수한 반대를 제기했지만 모든 사람들이 그들의 주장을 설득력 있는 것으로 보지는 않는다.

그럼에도 불구하고 자발적 단체 모델에 대해 최종적인 판단을 내리는 것은 아마 너무 이른 것 같다. 다른 모델들의 경우보다 좀 더 그런 것 같다. 많은 자료가 불명료하고 접근하기 어려운 저작들에 남아있고 많은 주요 출처인 비문들이 번역되지 않은 채로 남아있다. 단체에 대한 대부분의 언급이 종종 시대에 뒤떨어지는 이전의 저작들에 의존하고, 로버트 윌켄이 관찰하듯이 이 저작들은 종종 "끝이 없고, 매우 반복적이고, 빈번하게 법률 역사의 질문들에 몰두한다" (1971:290 각주 35). 토론에서는 너무나 종종 소수의 동일한 비문들이 증거로 제시된다.

현재 토론토신학교에서 진행되는 연구 프로젝트가 가까운 장래에 임시로 『제의 그룹, 조합, 콜레기아: 그리스-로마 세계의 단체』(*Cultic*

Groups, Guilds, and Collegia: Associations in the Greco-Roman World, edited by John S. Kloppenborg and Bradley H. McLean)라고 제목 붙인 두 권짜리 저작을 가지고 이 상황을 바로 잡게 되기를 바란다. 제2권이 특히 유용한 것으로 판명될 것이다. 왜냐하면 이 책에는 (참고문헌과 더불어) 그리스-로마 세계 도처에 있던 단체들에서 나온 긿은 원문과 영어 번역이 포함될 것이기 때문이다. 일차 자료에 더 쉽게 접근하게 되면 자발적 단체를 초기 기독교 이해의 모델로 사용하는 것에 대해 더 유익한 토론이 이루어질 수 있게 될 것이다.

*What Are They Saying About
the Formation of Pauline Churches?*

결론

　이제 우리는 바울 공동체 형성의 모델에 대한 연구의 결론에 이르렀다. 회당, 철학학파, 고대 신비종교, 자발적 단체라는 네 가지 모델을 검토한 결과, 어느 모델도 그 하나만으로는 바울 기독교 공동체의 모든 측면을 설명하는 데에 충분하지 못하다는 것이 분명해졌을 것이다. 우선 비록 모든 그룹들이 새로운 추종자들을 매료시킴으로써 수적으로 성장하는 과정이 있었더라도 강하고 보편적인 선교 경향은 기독교만의 독특한 점이었던 것으로 보인다. 일단 기독교 공동체가 형성된 후에 이 모델들은 어떤 공동체들의 어떤 측면들을 설명하는 데에 더 도움이 된다. 하지만 바울이 편지를 보낸 교회들 하나하나를 여기서 제안된 모델들 중의 어느 한 모델에 끼워 맞출 수는 없다. 그렇게 하려는 시도는 주후 1세기 중엽의 실제 상황보다는 오히려 과거를 체계화하려는 현대의 욕망을 더 반영한다.

　하지만 우리의 연구가 바울 기독교 그룹과 1세기의 다른 그룹들을 가능한 한 폭넓게 비교하도록 장려하기를 바란다. 분명히 초기 기독교 그룹은 고대의 많은 다른 사회 그룹들과 유사성을 갖고 있으면서도 여전히 몇몇 다른 특성도 갖고 있는 것으로 보인다. 그래서 기독교 그룹은 고대의 다른 어느 그룹과도 정확하게 일치하지 않으면서도 동시에 완전히 다르지도 않았다. 일반적인 차원에서 말하자면, 우리가 이 그룹들의 광활한 범위를 이해하게 되면, 바울교회의 특성과 그 교회가 어떻게 형성되었는지를 더 잘 이해하는 데에 도움이 된다.

대부분의 현대 학자들은 교회를 위한 획일적인 지역적 모델은 없다고 이론상으로는 인정하면서도, 실제상으로는 이 중요성을 간과해왔다. 일반적으로 "바울 기독교"를 사회적으로 기술하는 글은 보통 고린도전서를 다른 모든 교회들의 모델로 간주함으로써 모든 바울교회들을 동질화한다. 하지만 이것은 역사적으로도 받아들이기 어렵고 방법적으로도 문제가 있다. 바울의 각 교회의 지역적 특성을 진지하게 고려하지 않으면 또 그의 각 편지를 그것이 보내진 지역적 사회적 상황에 비추어 읽지 않으면 그 특정 기독교 공동체를 오해하는 결과를 초래하게 될 것이다.

여기서 **조나단 스미스**(Jonathan Z. Smith)의 방법론 연구서인 『신성한 고역: 초기 기독교와 후기 고대 종교의 비교에 대한 연구』(*Drudgery Divine: On the Comparison of Early Christianities and the Religions of Late Antiquity*, 1990)를 간략하게 살펴보는 것이 우리에게 아주 유익할 것이다. 방법론을 책의 서두가 아니라 말미에서 다루는 것이 이상하게 보일 것이다. 하지만 스미스의 책이 최근에 출판되었고 우리가 다룬 많은 저자들은 그의 생각을 사용할 수 없었기 때문에 어쩔 수 없이 말미에서 다룬다. 스미스의 책을 여기서 다루는 두 번째 정당한 이유는 바울 공동체를 1세기의 관련 모델들에 비추어 연구하는 실제로 가능한 방식을 제안하는 데에 그의 책이 중요한 역할을 하기 때문이다.

스미스의 박학다식한 책은 전체적으로 읽고 또 읽을 가치가 있다. 여기서는 단순히 그의 가장 두드러진 점을 강조하고자 한다. 스미스는 먼저 현대의 비교종교학적 접근방식의 기원을 추적하고 너무나 자주 논쟁적인 의제들이 논의의 배경을 이루었고 "사실들"의 제시와 뒤이은 분석 및 결론을 다 왜곡했다고 말한다.[1]

이어서 스미스는 보다 엄격하게 유용한 접근방식은 예수와 초기 기독교의 "독특성"을 강조하지 않을 것이라고 말한다. 오히려 "협상, 분류, 비교를 초래하는 복잡한 용어인 차이"를 강조할 것이다 (1990:42). 비교는 어떤 것을 다른 것으로, 즉 "기독교는 신비종교이다"라고 규명하는 것이 아니다.[2] 이런 진술들이 너무나 자주 학문적 논의의 초점이 되어왔다. 이 학문적 논의는 기독교와 다른 그룹을 비교하는 것은 "직접적인 관계(차용과 의존)"와 "훌륭한 기원(계통)"을 보여주는 것이라고 가정한다(1990:47). 즉 이것의 주요 관심은 계통적인 것이다.

이 접근방식 대신에 스미스는 유비적인 비교를 주창한다. 유비적으로 비교되는 자료들은 직접적인 연관을 찾아내려고 하지 않는다. 그 대신에 유비는 제한된 일련의 선택들 사이에 있는 유사점과 차이점을 강조하는 역할을 한다. 이 유비는 연구를 진행하는 학자의 생각에 머물러있고 사물들이 어떻게 파악되어야 하는지 또는 어떻게 다시 진술되어야 하는지를 그가 이해하는 데에 도움을 준다. 이것은 "지식에 기여하는 잘 통제된 과장"이다(1990:52). 유사점과 차이점을 강조하는 이런 비교 방법을 사용하여 학자들은 단순히 계통적인 관계를 추정하는 것보다 좀 더 미묘한 차이가 나는 자료 분석으로 이끄는 자료에 대한

---

[1] 보다 구체적으로 Smith는 전체의 노력이 개신교의 반가톨릭 변증학에 의해 더럽혀졌다고 한다(참조. 1990:34).
[2] Smith는 그의 책 전체에서 그의 방법을 예증하기 위해 기독교와 신비종교를 비교하는 학자들의 문헌을 사용한다. 하지만 그의 설명은 다른 모델들에도 적절하다.

견해를 획득하게 된다.[3]

스미스는 비교를 다루기 위해 다음의 공식을 제안한다(1990:51).

x는…면에서는 z보다는 y와 더 유사하다.

이처럼 관계는 삼중의 관계로 파악된다. 이것은 "z"의 이차적 유비의 가능성을 배제하지는 않지만, 특정 비교 범주에서 가장 유사한 것을 강조한다. 이것을 우리의 연구의 맥락에 적용하자면 나는 다음과 같은 진술들이 장차 훨씬 더 유용한 방식이 될 것이라고 제안하고자 한다.

빌립보 기독교 공동체(x)는 내부 조직의 면에서는 회당(z)보다는 마게도냐의 자발적 단체와 더 유사하다.[4]

이런 진술들은 분명히 그 주장자들에게 많은 것을 요구할 것이다. 특정 지역에 있는 특정 관련 그룹들에 대한 연구를 요구하고 이 정보를 바울의 특정 편지에 대한 이해를 높이는 데에 사용할 것이

---

[3] "유비"를 사용한다고 해서 이 그룹들 중의 어느 하나가 형성되는 과정에 있는 기독교 그룹들에게 어느 정도 직접적인 영향을 주었다는 것을 배제하는 것은 아니다. 하지만 그런 영향을 규명하는 것이 어떤 연구의 대부분을 차지해서는 안 된다. 실제로 우리는 기독교를 그 주변 환경으로부터 고립시켜서는 안 되고, 오히려 기독교를 구체적으로 (헬라 유대교를 포함하여) 그리스-로마 배경에 위치시키려고 애써야 한다(참조. Malherbe 1989a:7). 하지만 학자들은 기독교를 그 이교적 주변 환경으로부터 단절하기 위해, 기독교의 유대교적 뿌리를 너무나 자주 사용해 왔다. Smith 1990:83; Wiens 1980:1251을 보라.
[4] 이 진술은 **실제로** 그런 경우로 의도된 것이 아니라 예증적인 것으로 의도되었다. 하지만 이것이 완전히 가정적인 것은 아니다. 나는 박사학위논문(Ph. D., University of St. Michael's College, Toronto)에서 이 주장을 지지하는 증거를 제공하려고 했다.

다. 더 이상 보편적으로 "바울 공동체 형성"에 대해 광범위하고 포괄적인 진술을 하는 것은 불가능할 것이다. 하지만 이것은 바울의 기독교 공동체와 그의 각 편지에 대해 훨씬 더 미묘한 차이가 나는 이해로 이어지고 그런 세밀한 연구를 하는 데에 요구되는 노력에 보답할 것이다.

바울 공동체 형성을 다루는 학자들의 문헌에 대한 우리의 개관과 스미스의 방법론적 논의로부터 우리는 다른 지역에는 다른 연관 모델이 적절할 것이라는 결론을 내릴 수 있을 것이다. 예를 들어, 이미 언급했듯이 빌립보와 데살로니가의 기독교 공동체들은 보다 쉽게 자발적 단체들로 분류될 수 있을 것이다. 왜냐하면 그 지역어 회당이 있었다는 증거가 없고 언어는 철학학파나 신비종교를 분명하게 반영하지 않으며 가정교회의 가족적인 구조가 거의 드러나지 않기 때문이다. 하지만 많이 분열된(고전 1:11-12) 고린도 회중은 가정교회들의 집합으로 이해하는 것이 더 좋을 것이다(Filson 1939:111). 그들 중의 일부는 자신들을 철학학파로 이해했다. 율법을 강조하는 갈라디아 교회들은 회당을 그들의 조직 모델로 사용하는 쪽으로 좀 더 기울었을 것이다. 최소한 바울이 그들의 관심을 율법에서 다시 떼어놓기 위해 편지를 써 보낼 때까지는 그랬을 것이다. 하지만 이런 숙고는 훨씬 더 상세한 조사를 요구하고 바울 공동체 형성에 대한 미래의 연구로 나아가게 한다.

결론적으로 우리는 바울 공동체 형성에 대한 연구가 오늘날의 교회에서 갖는 함축을 간략하게 언급할 수 있다. 바울 공동체들은 하나의 특별한 유비적 모델의 토대 위에 세워지지도 않았고 각 바울 공동체가 똑같지도 않았다.[5] 각 공동체는 실제로 지역적인 토대 위에 세워졌고, 그래서 그 맥락의 일부였다. 비록 바울이라는 창설자 아래 연합되어 있었더라도, 그 공동체들은 자율적인 그룹이었고, 서로 많은 차이를 보여준다.

그럼에도 불구하고 초기 기독교를 순수한 신학과 사회적 조화라는 영광스러운 시대-현대 교회들이 참으로 기독교적이 되기 위해서 본받아야 하는 모델로 회고되는 "선한 옛 시대"-로 보는 생각은 잘못된 것이라고 단순히 밝혀주는 것은 책임 있는 신약학자들의 목표가 아니다. 그 대신에 신약학자들은 초기 기독교 공동체들을 좀 더 믿을 만한 맥락에 위치시켜야 한다. 이 맥락은 그 공동체들은 처음에 형성될 때 자신들을 둘러싸고 있던 환경을 반영한다고 강조하고, 또 그 공동체들은 그리스도인들이 초기 시대에 직면했던 다양한 상황에 적응했다는 사실을 강조하는 것이어야 한다.

그리스도인들이 그룹이라는 개념을 발명한 것도 아니고 "기독교" 그룹이라는 개념이 갑자기 하늘에서 떨어진 것도 아니다. 오히려 그리스도인들은 그들 주위에 있는 다양한 그룹들을 그룹 형성 모델들로 살펴볼 수 있었다. 반면에 그와 동시에 그들이 선택한 그룹 구조에 그들 자신의 변화를 첨가하기도 했다. 이런 식으로 그들은 실험적이고 비정형적이고 정말로 "성육신적"이었다. 하나님이 나사렛 예수 안에서 사람의 형태를 취하셨듯이, 교회도 이미 존재하던 고대 그룹들의 형태를 취했다. 결론적으로 전 세계의 다양한 지역들에서 기독교 공동체들을 형

---

5) 다른 사람들에 의해 창설된 기독교 공동체들은 다양한 바울 공동체들과는 또 다른 특성을 갖고 있었다. 다른 장소에 있었기 때문이기도 하고 그들의 창설자가 갖고 있던 다른 견해 때문이기도 하다. 예를 들어, 요한 교회들이 베드로에 의해 형성된 교회들과 똑같은 구조를 갖고 있었다고 생각할 수는 없다.

성하기 위해 진행하고 있는 현대의 실험은 무엇이 "교회"인가에 보여주는 "성경적인" 모델을 깨뜨리는 것이 아니다. 오히려 기독교 공동체들은 "창설자들"이 전해준 전통에 대한 헌신과 지역 신자들의 사회적 상황에 적응하려는 바람을 나타내기 위해 실험하고 수정한다는 견해가 (우리의 정경 본문이 보여주듯이) 이미 기독교 형성의 가장 초기 시대에 내재되어 있다.

참고문헌

추천도서

Barton, S. C., and G. H. R. Horsley. 1981. "A Hellenistic Cult Group and the New Testament Churches." *JAC* 24:7-41.

이 긴 논문은 *SIG*³ 985에서 발견된 사적인 자발적 단체의 규정과 기독교 교회를 자세하게 비교한다. 저자들은 많은 유사점을 찾아내는 한편, 차이점도 강조한다. 이 논문은 자발적 단체의 비문에 익숙하지 않은 사람들에게 그곳에서 시작할 수 있는 견고한 토대를 제공해줄 것이다. 그들의 분석과 더불어, 저자들은 비문의 영어 번역을 제공한다.

Branick, Vincent. 1989. *The House Church in Paul*. Zacchaeus Studies: New Testament. Wilmington, DE: Michael Glazier.

고대의 가정 개념과 이 개념이 기독교 공동체 형성을 이해하는 데에 갖고 있는 중요성을 소개하는 훌륭한 일반 개론서이다.

Engberg-Pedersen, Troels, ed. 1995. *Paul in His Hellenistic Context*. Minneapolis: Fortress.

이 훌륭한 모음집에 들어있는 많은 에세이들은 바울과 철학학파 및 신비종교의 관계에 대해 견고한 석의적 관점을 제공한다. 다른 에세이들은 바울의 유대 배경을 조사하고, 또 다른 에세이들은 더 광범위한 방법론적 관찰을 한다. 우리는 Aune 1995; Alexander 1995; Betz 1995; Borgen 1995; Engberg-Pedersen 1995를 요약했다.

Goodman, Martin. 1994. *Mission and Conversion: Proselytizing in the Religious History of the Roman Empire*. Oxford: Clarendon.

1세기 유대교의 개종에 대한 탁월한 분석을 제공하는 책이다. 저자는 연구를 진행하면서, 철학학파와 신비종교의 추정된 선교 활동도 조사한다. 그는 이 그룹들 중의 어떤 그룹에서도 선교에 힘쓰는 경향을 보여주는 증거가 거의 나오지 않는다고 결론짓는다. 세계를 전도하려는 보편적인 계획이라는 개념은 기독교와 더불어 생겨났다.

Judge, E. A. 1960. *The Social Pattern of Christian Groups in the First Century: Some Prolegomena to the Study of New Testament Ideas of Social Obligation*. London: Tyndale.

기독교의 사회적 정체성은 동시대의 사회적 배경에서 연구되어야 한다고 주창하고 그대로 실행한 최근의 주장들 가운데 가장 초기 주장 중의 하나이다. 이 짧은 책은 여전히 주의 깊게 읽을 가치가 있다.

Kee, Howard Clark. 1995. *Who Are the People of God? Early Christian Models of Community*. New Haven and London: Yale University Press.

다양한 초기 기독교 공동체들을 다섯 가지 유대교 공동체 모델들과 히브리 성경 외의 유대교 문헌으로부터 이해하려는 시도는 초기 유대교의 다양한 형태들과 기독교의 다양한 가지들의 상호 작용-그들이 갈라설 때-에 대해 훌륭한 설명을 제공해준다.

Kloppenborg, John S. and Stephen G. Wilson. 1996. *Voluntary Associations in the Graeco-Roman World*. London and New York: Routledge.

자발적 단체에 대한 과거의 많은 연구를 요약하면서, 현대의 최고 연구를 제공해주는 에세이 모음집이다. 대부분의 에세이들은 자발적 단체를 사용하여 철학학파, 다양한 형태의 유대교(Philo, 회당, 쿰란), 초기 기독교와 같은 다양한 고대 그룹들 중의 하나 또는 여럿을 이해하는 것에 관한 개요를 제공한다.

Malherbe, Abraham J. 1987. *Paul and the Thessalonians: The Philosophic Tradition of Pastoral Care*. Philadelphia: Fortress.

바울의 첫 번째 편지인 데살로니가전서에 반영되어 있듯이, 그가 어떻게 데살로니가 기독교 공동체를 창설하고 조직하고 양육했는지를 다루는 연구서이다. Malherbe는 그리스-로마의 철학 문헌을 폭넓게 읽은 덕분에 바울의 목회적 접근과 대중 도덕철학자들의 목회적 접근 사이에서 많은 병행을 이끌어낼 수 있었다. 이 책은 도덕철학자들을 훌륭하게 소개해주고, 동시에 그들이 초기 기독교를 연구하는 데에도 적절하다는 것을 보여준다.

Meeks, Wayne A. 1983. *The First Urban Christians: The Social World of the Apostle Paul*. New Haven: Yale University Press.

이 책의 단지 몇 쪽만이 초기 기독교의 가능성 있는 다양한 공동체 유비들을 요약하지만(74-84쪽), 이 책은 기독교가 번성했던 도시 환경에 관심이 있는 모든 사람들이 반드시 읽어야 하는 책이다. 이 책은 원래는 바울 공동체 구성원들의 지위와 상호 작용을 사회학적으로 연구한 책이다.

Metzger, Bruce M. 1968. "Methodology in the Study of the Mystery Religions and Early Christianity." in *Historical and Literary Studies: Pagan, Jewish and Christian*, Bruce M. Metzger, 1-24. New Testament Tools and Studies 8. Grand Rapids: Eerdmans.

이 에세이는 기독교와 신비종교를 비교한 연구의 역사를 간략하게 개괄한 후에, 이 문제를 계속 추구하는 사람들을 위해 방법론적 성찰을 제공한다. 비록 Smith(1990)처럼 포괄적이지도 않고 예리하지도 않지만, 이 책은 이제 공부를 시작하는 학생들에게 유익한 출발점을 제공해줄 것이다.

Nock, A. D. 1972. *Essays on Religion and the Ancient World*, ed. Zeph Stewart. Oxford: Clarendon.

    Nock의 보다 중요한 에세이들과 서평들을 모아놓은 이 두 권짜리 모음집은 독자에게 고대 기독교를 헬라 배경에서 연구하는 데에 사용할 수 있는 포괄적인 자료를 제공해준다. Nock의 많은 긴 에세이들이 이 책에 다시 실렸기 때문에, 그 중의 어떤 에세이라도 독자에게 Nock의 연구 방법을 잘 소개해줄 것이다. 특히 "Early Gentile Christianity and Its Hellenistic Background"(49-133)가 그렇다.

Overman, J. Andrew and Robert S. MacLennan, eds. 1992. *Diaspora Jews and Judaism: Essays in Honor of, and in Dialogue with, A. Thomas Kraabel*. South Florida Studies in the History of Judaism 41. Atlanta: Scholars Press.

    새로운 에세이들과 재출판되는 에세이들의 모음집이다. 22개의 에세이들 중의 절반은 A. T. Kraabel이 저술했고 (하나는 공동으로 저술했다), 나머지 절반은 그의 주장과 결론에 대한 반응으로 그의 동료들이 저술했다. 이 책은 많은 주제들 중에서 디아스포라 회당의 특성과 역할, "하나님 경외자들"의 존재에 대한 찬반 증거, 유대교와 보다 넓은 그리스-로마 문화 사이의 상호 작용에 대한 견고한 개관을 제공한다. 우리는 이 책에 나오는 Kraabel 1981; MacLennan and Kraabel 1986; Overman 1992를 요약했다.

Smith, Jonathan Z. 1990. *Drudgery Divine: On the Comparison of Early Christianities and the Religions of Late Antiquity*. Chicago: University of Chicago Press.

초기 기독교를 그 배경에서 연구하는 방법론에 대해 지난 10년 동안에 출판된 가장 중요한 책들 중의 하나이다. Smith는 이전의 학자들이 (의도적으로든 아니든) 그들의 연구에 편견을 끌어들였던 많은 방식들을 지적한다. 이 편견은 불행하게도 그들의 결론에 영향을 미쳤다. 자료를 유비적으로 비교하자는 그의 주장은 앞으로 많은 열매를 맺을 것으로 기대된다. 확실히 이 책은 읽고 또 읽을 가치가 있다.

What Are They Saying About the Formation of Pauline Churches?

21세기 **신학 시리즈** 14

최근 바울교회 형성 연구 동향
What Are They Saying About the Formation of Pauline Churches?

2014년 7월 5일 초판 발행

지은이 | 리차드 S. 애스코프
옮긴이 | 김 병 모

편 집 | 백승현, 정희연
디자인 | 박희경
펴낸곳 | 사) 기독교문서선교회
등 록 | 제16-25호(1980. 1. 18)
주 소 | 서울시 서초구 방배로 68
전 화 | 02) 586-8761~3(본사) 031) 942-8761(영업부)
팩 스 | 02) 523-0131(본사) 031) 942-8763(영업부)
홈페이지 | www.clcbook.com
이메일 | clckor@gmail.com
온라인 | 기업은행 073-000308-04-020, 국민은행 043-01-0379-646
　　　　　예금주: 사)기독교문서선교회

ISBN 978-89-341-1387-4 (94230)
ISBN 978-89-341-0686-9 (세트)

* 낙장 · 파본은 교환해 드립니다.

이 도서의 국립중앙도서관 출판시 도서목록(CIP)은 서지정보유통지원시스템
홈페이지(http://seoji.nl.go.kr)와 국가자료공동목록시스(http://www.nl.go.kr/kolisnet)에서
이용하실 수 있습니다.
(CIP제어번호: CIP2014017830)